DOGECOIN EN ESPAÑOL

LA GUÍA DEFINITIVA PARA INTRODUCIRTE AL MUNDO DEL DOGECOIN, LAS CRIPTOMONEDAS, EL TRADING Y DOMINARLO POR COMPLETO

SEBASTIAN ANDRES

WB PUBLISHING

ÍNDICE

COMO APROVECHAR AL MÁXIMO
ESTE LIBRO

Primero antes que nada me gustaría darte las gracias por la confianza y por haberme elegido como tu guía para emprender este viaje hacia el mundo de las Criptomonedas. Este libro te ayudara a que entiendas y domines este mundo con el objetivo de obtener una educación financiera excelente a través de la comprensión y el entendimiento a fondo de las Criptomonedas. En este libro iremos de lo más básico a lo más avanzado.

Entendemos que incursionarse hacia el mundo de las Criptomonedas puede ser tedioso y muy lento ya que es mucha la información que debemos comprender y asimilar, generalmente los pioneros en este tipo de tecnologías son las personas que no tienen ningún problema para generar ingresos pasivos por internet ya que tienen algunos conocimientos básicos de este mundillo que los puede ayudar bastante.

El objetivo de este libro es que tú también puedas acortar este camino y tener los conocimientos a tiempo para poder aprovecharlos, como bien sabes el mundo de las criptomonedas se mueve muy rápidamente y no puedes perder tiempo, tomar acción inmediata es un requisito fundamental.

Esta tecnología llego para quedarse y para darnos a nosotros, las personas comunes y corrientes, mas libertad en el ámbito económico y financiero.

En mi caso personal, una de las cosas que más me ha llamado la atención, cuando comencé a interesarme por las Criptomonedas allá por el 2011, fue el concepto de libertad al que está relacionado con monedas como Bitcoin, Monero, Dash, Zcash, etc. donde el control de todo el proceso siempre va de la mano del usuario por la privacidad que brindan. No te preocupes, estos conceptos los entenderás mas adelante durante el desarrollo del libro.

En este libro te enseñare los diferentes abordajes hacia las Criptomonedas y la tecnología detrás: comenzando por el concepto actual del dinero hasta el Blockchain, el porque funciona, cuál es el secreto detrás y también vamos a derribar algunos mitos relacionados con algunos conceptos.

El objetivo de este libro es enseñarte a tener una noción más completa y compleja sobre las Criptomonedas, desde los conceptos más básicos como el saber cómo funciona todo, el cómo encajan las piezas a lo más avanzado, como te mencione anteriormente.

También me he tomado el tiempo de recomendarte algunos recursos para que puedas comenzar con el pie derecho. **Ten en cuenta que muchos de estos links son enlaces de afiliado, por lo que recibirás algunos descuentos y/o beneficios al utilizar el link recomendado, sin ningún costo alguno para ti. Por esto mismo aprovéchalos.**

Escribí este libro no solo informarte del mundo de las criptas sino, para motivarte también, a dar ese paso que tanto te cuesta y tomar acción, es por esto que quiero pedirte una cosa, no te rindas a lo largo de este libro, sigue bajo tu propio riesgo los consejos, te prometo que al terminar este libro y aplicar paso por paso mis consejos y enseñanzas vas a lograr comprender mejor este mundillo y de acuerdo a tu accionar personal lograr la libertad financiera o también apoyar esta iniciativa que nos da el poder a nosotros los ciudadanos frente al sistema financiero actual que está demasiado manipulado y hace rico a unos pocos.

Nuevamente, Muchas gracias por adquirir este libro, espero que lo disfrutes.

SOBRE MI

Y ¿PORQUE DEBERÍAS DE ESCUCHARME?

Muy buenas, mi nombre es Sebastian Andres , soy un emprendedor, escritor y viajero del mundo. Entusiasta de las Criptomonedas desde 2011 cuando comencé a interesarme por ese mundillo. Me siento extremadamente bendecido por haber nacido en esta época y poder vivenciar el crecimiento de estas tecnologías, como el internet y las criptomonedas.

Durante más de 10 años me he enfocado en desarrollar varios negocios en internet, los cuales me enseñaron a desarrollar mis propias estrategias y métodos para lograr generar ingresos pasivos. Las Criptomonedas fue uno de ellos y así fue que alcance la libertad financiera.

El propósito de mis libros, mas específicamente de la colección "Criptomonedas en Español" (en los cuales llevo la información mas actual y fiable de las criptomonedas del ingles al español, si te interesa puedes buscar los otros libros de esta colección, en los cuales abordamos otras criptos) es que sean una fuente de inspiración para ti y generar un cambio en aquellos que no se conforman con lo establecido y saben que pueden dar más, que pueden generar un cambio positivo en sus vidas y llegar a diseñar ese estilo de vida que tanto quieren.

Estoy confiado que esta información te ayudara a terminar de dar ese empuje y meterte a las criptomonedas de lleno.

UN REGALO PARA TI

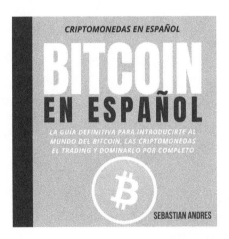

Querido lector, la colección de libros "Criptomonedas en Español" no solo tiene versiones en ebook, tapa blanda (paperback) y tapa dura (hardback) sino que también esta disponible una version en audiolibro, muchas veces no tenemos tiempo para sentarnos y leer por el ajetreo del día a día por lo que esta version es mas cómoda para ti.

Si deseas la version en audiolibro de esta colección, puedes escanear el siguiente código QR con tu móvil/smartphone y obtenerlo de forma gratuita:

¡Qué lo disfrutes!

COLECCIÓN CRIPTOMONEDAS EN ESPAÑOL

Este libro forma parte de la colección *"Criptomonedas en Español"* en donde queremos trasmitirte toda la educación e información actual en base a las criptomonedas mas cotizadas y conocidas.

- El volumen 1 esta comprendido por el Libro: **Bitcoin en Español**.
- El volumen 2: **Ethereum en Español**.
- El volumen 3: **Dogecoin en Español**.
- El volumen 4: **Cardano ADA en Español**

Donde revisamos y te damos toda la información que necesitas saber para conocer mas acerca de esta criptomoneda y su asombroso futuro en el area de las finanzas.

IMPORTANTE

ADVERTENCIA

La inversión en mercados financieros como las Criptomonedas y otros activos puede llevar a pérdidas de dinero. El propósito de este libro es solamente educativo y no representa una recomendación de inversión, para ello ya existen muchos profesionales en el area que pueden ayudarte. Procede con cautela, bajo tu propio riesgo y recuerda, nunca inviertas más de lo que estés dispuesto a perder.

Al continuar leyendo este libro aceptas esta Advertencia.

UNO

DOGECOIN, DE UN MEME A LA MEJOR INVERSION DE 2021

Comencemos diciendo que Dogecoin es una criptomoneda basada en uno de los memes más famosos de todos los tiempos. Sorprendentemente, su naturaleza cómica no ha dañado su supervivencia. Cuenta con una comunidad dedicada de usuarios que han recaudado fondos para una serie de iniciativas a lo largo de sus pocos años de existencia.

La llegada de Bitcoin en 2009 abrió las compuertas para las monedas digitales. Desde su lanzamiento, han surgido miles de criptomonedas alternativas o altcoins para adaptarse a una amplia gama de casos de uso. Algunos buscan establecerse como dinero, mientras que otros apuntan a impulsar plataformas de contratos inteligentes como Ethereum. Entre las monedas anteriores, Dogecoin es quizás una de las ofertas más singulares. Ha cautivado a los entusiastas de las criptomonedas desde 2014.

Dogecoin (DOGE) es una criptomoneda de código abierto que proviene de una bifurcación del código base de Litecoin. Como sugiere el nombre, se basa en gran medida en el meme DOGE que arrasó en Internet en 2013. La imagen original muestra a un perro de la raza Shiba Inu, cuyo monólogo interior se muestra en fuente comic sans.

A Billy Markus, un programador de Oregon, se le ocurrió inicialmente la idea de una especie de criptomoneda de "broma". Razonó que una moneda más alegre tendría más posibilidades de atraer la atención general que Bitcoin. Casi al mismo tiempo, Jackson Palmer de Adobe declaró que estaba "invirtiendo en Dogecoin, bastante seguro de que es la próxima gran cosa" en un tuit ahora eliminado.

Siguiendo un poco de estímulo, Palmer pasó a crear Dogecoin.com. Cuando Markus tropezó con el sitio web poco después de su lanzamiento, se acercó a Palmer para hacerlo realidad y comenzó a trabajar en lo que ahora se conoce como Dogecoin. Tras el lanzamiento, la criptomoneda se extendió rápidamente por las redes sociales. En unos meses, alcanzó una capitalización de mercado de varios millones de dólares.

La comunidad Dogecoin se ha ganado una reputación por sus contribuciones caritativas. Despegó como un sistema de propinas en sitios como Reddit, donde los usuarios se enviaban entre sí pequeñas cantidades de Dogecoin para recompensar a los creadores de contenido.

Este espíritu generoso se hizo eco en sus eventos de recaudación de fondos que más adelante mencionaremos.

A mediados de 2020, un video viral en la aplicación para compartir videos TikTok creó una reacción en cadena, lo que provocó que el precio de DOGE aumentara significativamente. Un usuario pidió a otros que se unieran a él para comprar Dogecoin, afirmando que "todos se harían ricos" comprando monedas y vendiéndolas una vez que el precio llegara a $1,00. La exageración aumentó, lo que provocó que Dogecoin se cotizara a más de 2.5 veces lo que tenía en las semanas anteriores. Sin embargo, la bomba duró poco y los precios comenzaron a bajar después drásticamente.

Ten en cuenta que este tipo de actividad podría considerarse un bombeo y descarga. Este tipo de esquema es ilegal en los mercados tradicionales debido a los peligros para los inversores. Los promotores compran grandes cantidades de un activo antes de generar exageración a su alrededor, lo que hace que otros experimenten FOMO en la inversión.

Como resultado, el precio sube significativamente, la "bomba". Luego, los promotores venden sus participaciones, lo que lleva al "dumping": Con una presión de venta tan alta, el precio se desploma, ya que los inversores posteriores se quedan con enormes pérdidas. Como siempre, investiga por tu cuenta las posibles inversiones. Diversas plataformas y tutoriales en línea ofrecen una gran cantidad de recursos sobre comercio y economía, que pueden ayudarte a comprender mejor los mercados de criptomonedas.

Fíjate cómo funciona Dogecoin. Dogecoin se basa en una bifurcación de Litecoin (LTC) llamada Luckycoin. Sin embargo, desde entonces se han realizado cambios notables en el protocolo.

Blockchain

Similar a Bitcoin, Dogecoin usa una cadena de bloques, donde los bloques se agregan a través de Prueba de trabajo (PoW) Proof-Of-Work. Los participantes de la red instalan software de código abierto en sus máquinas para que puedan actuar como nodos completos. Para aquellos que no están familiarizados con la tecnología Blockchain, esto significa que cada participante mantiene una copia completa de la base de datos, en la cual están todas las transacciones.

El sistema está descentralizado porque no hay ningún administrador que lo controle. En cambio, los usuarios se envían información directamente entre sí y se basan en técnicas criptográficas para saber si sus compañeros están actuando con honestidad.

Minería y suministro

En las cadenas de bloques de prueba de trabajo como Bitcoin, se utiliza un proceso llamado minería para crear nuevas monedas. Los participantes deben demostrar a la red que han hecho un "trabajo", lo que se puede pensar en revelar una respuesta a un rompecabezas complejo. El rompecabezas se resuelve mediante el hash de la información hasta que el usuario pueda proporcionar una salida que la red aceptará como válida. No es factible producir una solución a mano, por lo que los usuarios dedican electricidad y potencia informática para tratar de encontrarla. Una diferencia importante entre Bitcoin y Litecoin es que este último no utiliza la función hash SHA-256 para la minería. Esta fue una decisión intencional: Litecoin, en cambio, se basa en Scrypt, un algoritmo de prueba de trabajo resistente a ASIC.

En términos sencillos, esto significa que las máquinas especialmente diseñadas que se utilizan para extraer Bitcoin no podrían competir con las computadoras y GPU normales que se utilizaron para extraer Litecoin. En teoría, esto daría lugar a un panorama minero más descentralizado. Sin embargo, en poco tiempo surgieron los circuitos integrados de aplicaciones específicas para Scrypt.

Como derivado de Litecoin, Dogecoin heredó el algoritmo Scrypt. Sin embargo, para evitar cualquier competencia y mitigar los riesgos de seguridad, los desarrolladores de Dogecoin cambiaron a un modelo de minería fusionada, lo que significa que los mineros de Litecoin podrían ganar Dogecoin simultáneamente.

La minería de Dogecoin tiene como objetivo un tiempo de bloque de un minuto y produce una recompensa de bloque de 10,000 DOGE. No hay un suministro máximo de unidades y ya están en circulación más de cien mil millones. Los entusiastas ven la eliminación de cualquier límite como una buena opción, ya que incentiva el gasto de la moneda y evita que los primeros usuarios se beneficien de manera desproporcionada.

¿QUÉ COSAS PUEDES HACER con Dogecoin?

Como muchas otras criptomonedas, hay varias formas de adquirir Dogecoin. Puedes extraerlo tú mismo o aceptarlo como pago por bienes y servicios. Sin embargo, el método más fácil es comprarlo a través de un intercambio de criptomonedas. Por lo general, primero deberá comprar Bitcoin u otra moneda popular y luego cambiarla por DOGE.

Una vez que tengas tu Dogecoin, puedes usarlo como lo harías con cualquier otra criptomoneda: Mantenerlo a largo plazo en una billetera de hardware, cambiarlo por otras monedas, cambiarlo por bienes o dar propina a otros con él. Bitrefill es quizás la forma más fácil de gastar, ya que puede comprar tarjetas de regalo y vales para una variedad de minoristas, por ejemplo; o darle uso a través de inversiones en una gran gama de plataformas de oportunidad que más adelante veremos en un detalle amigable.

A pesar de ser un activo cuya existencia gira en torno a un meme de Internet, Dogecoin ha desarrollado una comunidad dedicada de usuarios. Ocho años después, mantiene una capitalización de mercado de miles de millones de dólares estadounidenses.

No está del todo claro si el mercado valora a Dogecoin como una criptomoneda novedosa, un activo financiero viable o algo intermedio. Pero pocas criptomonedas han tenido el impacto que tiene la moneda Shiba Inu, aunque solo sea por su condición de moneda meme.

Entonces tengamos en cuenta que, en el año 2013, Jackson Palmer, gerente de producto de la oficina de Adobe Inc. en Sídney, Australia, creó Dogecoin como una forma de satirizar la exageración que rodeaba para aquel entonces a las criptomonedas. Palmer fue descrito como un observador "escéptico-analítico" de la tecnología emergente, y sus primeros tuits sobre su nueva empresa de criptomonedas fueron muy irónicos. Pero después de recibir innumerables y múltiples comentarios positivos en las redes sociales, como reacción a sus posts; decidió comprar el dominio Dogecoin.com.

Mientras tanto, en Portland, Oregon, Billy Markus, un desarrollador de software de la reconocida empresa IBM, quien tenía la inquietud de crear su propia moneda digital, pero vivía grandes dificultades para promover sus esfuerzos, descubrió el rumor de Dogecoin. Markus se acercó a Palmer para obtener permiso, y así juntos; construir el software detrás de un Dogecoin real y verdadero.

Markus basó el código de Dogecoin en Luckycoin, que a su vez se deriva de Litecoin, e inicialmente usó una recompensa aleatoria para la minería en bloques, aunque se cambió a una recompensa estática en marzo de 2014. Dogecoin usa la tecnología scrypt de Litecoin y es una moneda de prueba de trabajo (Proof-Of-Work).

Palmer y Markus, finalmente decidieron realizar el lanzamiento de Dogecoin como una nueva moneda virtual, el 6 de diciembre del año 2013. Dos semanas después, el 19 de diciembre, el valor de Dogecoin subió un 300%, quizás debido a que China prohibió a sus bancos invertir en criptomonedas.

Dogecoin se presentó y comercializó como una versión "divertida" de Bitcoin con un Shiba Inu (perro japonés) como logotipo. La presentación informal de Dogecoin se adaptó al estado de ánimo de la floreciente comunidad criptográfica. Su tecnología scrypt y su suministro ilimitado fueron un argumento para una versión de Bitcoin más rápida, más adaptable y amigable para el consumidor.

Dogecoin es una *"moneda inflacionaria"*, mientras que las criptomonedas como Bitcoin son deflacionistas porque hay un límite en la cantidad de monedas que se crearán. Cada cuatro años, la cantidad de Bitcoin liberada en circulación a través de recompensas mineras se reduce a la mitad y su tasa de inflación se reduce a la mitad hasta que se liberan todas las criptomonedas.

En enero de 2014, la comunidad Dogecoin efectuó importantes donaciones, destacando como, por ejemplo; 30.000,00 dólares para financiar el viaje del equipo de trineo jamaicano a los Juegos Olímpicos de Invierno de Sochi. En marzo de ese mismo año, la comunidad de Dogecoin donó 11.000,00 dólares en Dogecoin para construir un pozo en Kenia y 55.000,00 dólares de Dogecoin para patrocinar al piloto de NASCAR Josh Wise y colocar el logo de esta criptomoneda en su auto de carreras.

Dogecoin es la criptomoneda más amistosa y divertida de todo el mundo cripto, sin embargo, Dogecoin perdió algo de su alegría en 2015 cuando la comunidad criptográfica, en general, comenzó a volverse más seria. La primera señal de que no todo es diversión y no estaba bien con la comunidad de Dogecoin fue la partida de Jackson Palmer, quien dijo que había crecido una "comunidad tóxica" en torno a la moneda y el dinero que esta producía.

En una entrevista ofrecida a Bloomberg en San Francisco (California), Jackson Palmer expresó su preocupación por las enormes cantidades de dinero que siguen fluyendo a esta criptomoneda: "Dogecoin comenzó como una broma y es importante que siga así. Veo a Dogecoin como un indicador de cuánta euforia hay en el mercado de las criptomonedas, y de cuántas inversiones poco inteligentes se están haciendo. Si una moneda que no ha tenido ningún desarrollo durante muchos años puede llegar a los dos mil millones de capitalización de mercado, esto dice mucho sobre el mercado actual y es mejor prestar atención".

Un miembro de esa comunidad tóxica era Alex Green, también conocido como Ryan Kennedy, un ciudadano británico que creó un intercambio de Dogecoin llamado Moolah. Alex Green (su seudónimo) era conocido en la comunidad como un generoso, según los informes, dio por error 15.000,00 dólares en lugar de 1.500,00 dólares a la recaudación de fondos de NASCAR.

El intercambio de Green convenció a los miembros de la comunidad de donar grandes sumas para ayudar a financiar la creación de su intercambio, pero luego se descubrió que había utilizado las donaciones para comprar más de 1.5 millones de dólares en Bitcoin que a su vez le permitieron tener un estilo de vida lujoso. Por otra parte, Kennedy fue condenado en 2016 por múltiples cargos de violación y sentenciado a cumplir 11 años de prisión.

Durante y después de la burbuja criptográfica de los años 2017 y 2018, el valor de Dogecoin se disparó con el resto del criptoverso, alcanzando su punto máximo a fines de 2017, y cayó con el resto del criptoverso durante 2018. En su apogeo, Dogecoin cotizaba por

0,018 dólares y tenía una capitalización de mercado de más de 2 mil millones dólares.

En el verano de 2019, Dogecoin experimentó otro aumento de valor junto con el resto del mercado de cifrado. Los entusiastas de Dogecoin se alegraron cuando el intercambio de cifrado Binance incluyó la moneda, y muchos pensaron que el CEO de Tesla, Elon Musk, había respaldado la moneda en un tuit críptico.

Sin embargo, la infraestructura de Dogecoin no ha sido una fuente central de preocupación para los desarrolladores de la moneda, que todavía son voluntarios. Sin embargo, una de las razones por las que sigue operando y comerciando es su activa comunidad de mineros. Como bien lo dice Zachary Mashiach de CryptoIQ:

"Numerosos mineros Scrypt todavía prefieren Dogecoin (DOGE) sobre otras criptomonedas Scrypt PoW. De hecho, la tasa de hash de Dogecoin (DOGE) es de aproximadamente 150 TH / s. Esto está justo por debajo de la tasa de hash de Litecoin (LTC) de 170 TH / s, probablemente porque Dogecoin (DOGE) se puede fusionar con Litecoin (LTC), lo que significa que los mineros pueden extraer ambas criptomonedas simultáneamente usando el mismo trabajo. Esencial y prácticamente todos los que extraen Litecoin (LTC) también eligen extraer Dogecoin (DOGE), porque la extracción combinada de Dogecoin (DOGE) aumenta las ganancias. Al 21 de diciembre de 2020, la clasificación de capitalización de mercado de Dogecoin era 43, con una capitalización de mercado de 611 millones de dólares".

La moneda digital inspirada en un meme, Dogecoin, sigue hoy día captando la atención del público; más aún cuando nada menos y nada más el director ejecutivo de Tesla, Elon Musk, y el rapero Snoop Dogg han dedicado tiempo para postear una serie de tuits referidos a la criptomoneda, lo cual sin duda; y el estilo influencer ha elevado el precio de la ya muy reconocida moneda "del meme", la moneda del perrito.

Después de esta serie de tuits, Dogecoin saltó 31% logrando un valor récord de 0,083745 $. La moneda digital ahora se ubica como una de las 10 monedas digitales principales por valor de mercado, según CoinMarketCap.

En una ocasión, Musk tuiteó un video instructivo de YouTube sobre Dogecoin, mientras que Snoop Dogg subió una foto del perro que inspiró a Dogecoin con la leyenda "@elonmusk".

Musk ha estado tuiteando activamente sobre la moneda desde su repunte de imitación a GameStop. En enero, Dogecoin aumentó más del 600%, impulsado por la manía de Reddit que rodea a GameStop.

Dogecoin comenzó en 2013 como una broma entre dos ingenieros. El ingeniero de software de IBM, Billy Markus, y el ingeniero de software de Adobe, Jackson Palmer. Una dupla de profesionales que ni siquiera se habían conocido cuando combinaron con éxito dos de los fenómenos más grandes de 2013: Bitcoin y "DOGE". El resultado: Dogecoin.

Dogecoin fue un producto que la gente comenzó a usar tan pronto como se lanzó, de manera inmediata, para sorpresa de los dos ingenieros. Más de un millón de visitantes únicos fueron a Dogecoin.com durante el primer mes del sitio web.

El meme dux que ganó popularidad en 2013 presentaba una imagen de un perro Shiba Inu con burbujas de pensamiento de Comic Sans saliendo de él con ideas casi monosilábicas. El meme podría usarse para expresar cualquier cosa, desde bromas sobre siestas, madrugadas, dietas, incluso exploración espacial.

Dogecoin tiene su propia mascota "amistosa y divertida!, es DOGE; un perro de caza japonés Shiba Inu, la cual se hizo tendencia desde Japón, luego que la maestra Atsuko Sato, de un jardín de infancia, publicara en el año 2010 una fotografía con su perro Kabosu, haciéndose muy popular en diversas redes sociales, pero gracias a Reddit y sus múltiples publicaciones las que le dieron un nivel no esperado, convirtiéndose con el tiempo en unas de las imágenes y memes la mayor notoriedad en la red. Se trata de la cara de un Shiba Inu que de reojo mira hacia la cámara y que tiene a su alrededor una serie de frases escritas de manera incorrecta. La cara de Kabosu comenzó a aparecer en diferentes y muy variados objetos; memes de todo tipo. No fue hasta 2013, cuando la cara de este ya famoso can apareciera por primera vez en una criptomoneda, por iniciativa de Palmer y Markus.

Antes de que se lanzara el producto, Palmer, que había estado siguiendo los desarrollos en el mundo de las criptomonedas, tuiteó distraídamente: "Invertir en Dogecoin, es bastante seguro que es la próxima gran cosa".

Recibió algunas respuestas alentándolo a seguir la idea, y una semana después compró el dominio Dogecoin.com. Inevitablemente, la idea fue recogida en Reddit, un semillero de actividad dux en 2013.

Mientras tanto, en Portland, Billy Markus había estado tratando de programar su propia moneda digital que atraería a un grupo demográfico más amplio que el de los especuladores que han inundado Bitcoin desde que se lanzó la moneda en 2008. Pero el proyecto no había ido a ninguna parte. Luego se topó con Dogecoin.com en uno o dos días después de que el sitio se pusiera en marcha.

"Lo primero que dije fue: 'Esto es muy divertido'. Luego dije: 'Debería hacer esta moneda'", dijo Markus en 2013.

Markus tuiteó a Palmer diciendo que quería participar en la empresa y, antes de que Palmer respondiera, comenzó a reconfigurar el código fuente de Bitcoin, que estaba disponible públicamente, para convertir sus elementos orientados al usuario en el meme dux.

Finalmente, y en el mes de diciembre del año 2013, Palmer respondió y se formó la asociación. Un poco más de una semana después del tuit con dicha broma de Palmer, Dogecoin fue lanzado al mercado.

La moneda se derivó del proyecto de software de código abierto, Litecoin. A diferencia de Bitcoin. Dogecoin no tiene un límite en la cantidad de monedas que se pueden producir en el sistema.

Dogecoin tiene su propia mascota "amistosa y divertida!, es DOGE; un perro de caza japonés Shiba Inu, la cual se hizo tendencia desde Japón, luego que la maestra Atsuko Sato, de un jardín de infancia, publicara en el año 2010 una fotografía con su perro Kabosu, haciéndose muy popular en diversas redes sociales.

Pero gracias a Reddit y sus múltiples publicaciones las que le dieron un nivel no esperado, convirtiéndose con el tiempo en unas de las imágenes y memes la mayor notoriedad en la red. Se trata de la cara de un Shiba Inu que de reojo mira hacia la cámara y que tiene a su alrededor una serie de frases escritas de manera incorrecta.

La cara de Kabosu comenzó a aparecer en diferentes y muy variados objetos; memes de todo tipo. No fue hasta 2013, cuando la cara de este can apareció por primera vez en una criptomoneda, por iniciativa de Palmer y Markus.

La moneda digital explotó instantáneamente en Reddit, generando un valor de mercado de 8 millones de dólares en ese momento. Se hizo popular por la práctica en Internet de "dar propinas", que era una forma de recompensar a las personas en la web por realizar "buenas acciones", como compartir una idea o hacer que una plataforma sea más accesible.

Solo una semana después del lanzamiento, Dogecoin se convirtió en la segunda moneda con más propinas, dijeron sus creadores.

La moneda digital ha contribuido durante mucho tiempo a una cultura que se distingue por una especie de irreverencia para instituciones como Wall Street. No es sorprendente que los usuarios de Reddit compren acciones junto con GameStop y AMC en el comercio contra grandes fondos de cobertura.

Dogecoin desarrolló su propia cultura en 2013, en gran parte debido a que la moneda tiene una barrera de entrada más baja que Bitcoin para las personas que podrían estar interesadas en las criptomonedas.

Dogecoin es la criptomoneda más popular y peculiar del planeta. El valor total de los Dogecoin en circulación es de más USD 53.000 millones, lo que no está nada mal para una moneda digital que comenzó como una simple broma.

Como todas las criptomonedas, Dogecoin es una moneda digital que puede comprarse y venderse como una inversión y gastarse como dinero.

Aunque cada cripto es única, Dogecoin comparte algunas similitudes con sus compañeras más conocidas, su código está basado en el guion de Litecoin, por ejemplo. Pero tiene un par de diferencias clave. A diferencia de Bitcoin, que ha fijado en 21 millones la cantidad de monedas disponibles en el mercado, Dogecoin ya cuenta con más de 129.000 millones de monedas en circulación y seguirá poniendo a disposición nuevos bloques de monedas para minar cada año. Esa es parte de la razón por la que un Dogecoin se valora actualmente en poco menos de 40 centavos de dólar y un Bitcoin vale unos $35.910,00 (junio 13 de 2021)

Dogecoin ya no es la divertida broma de sus inicios. Su popularidad se ha disparado de forma astronómica este año, en parte por la adopción generalizada del Bitcoin y otras criptomonedas.

El reconocido CEO de Tesla, Elon Musk, es el partidario más notorio y destacado de Dogecoin. Un simple tuit a sus más de 50 millones de seguidores puede hacer que la criptomoneda se dispare en fracción de segundos. Algo que ya ocurrió el pasado 15 de abril del año 2021, cuando Musk tuiteó: "DOGE ladrando a la luna" y compartió una foto de un cuadro del artista español Joan Miró, que se titula «Perro ladrando a la luna».

Dogecoin también ha disfrutado de una especie de estatus de culto en Reddit, donde un grupo popular, no muy diferente del grupo WallStreetBets detrás del mitin de GameStop, decidió a principios de este año impulsar su valor "a la luna". Dogecoin se disparó más del 600% a raíz de ello.

Si es o no una inversión inteligente, sigue siendo una pregunta. El Bitcoin, que se negocia más activamente y es más aceptado, está sujeto a una volatilidad extrema, por lo que Dogecoin también podría desmoronarse sin previo aviso. Pero su ascenso este año, sin duda alguna ha sido impresionante.

Quien no se ha beneficiado del crecimiento vertiginoso de la moneda es Markus, que vendió todo su Dogecoin cuando fue despedido en 2015. El dinero lo utilizó para comprar un Honda Civic.

En los actuales momentos, Dogecoin forma parte del Top 10 de las principales criptomonedas del mundo, ocupando el lugar número 6, a un valor de 0,31 dólares y una capitalización de mercado por $40.325.774,653

Dogecoin ha ido creciendo paulatinamente con unos picos impactantes para el mercado y el ecosistema cripto. Existen quienes atribuyen su impresionante crecimiento y el más reciente despegue de Dogecoin a las publicaciones hechas por el director general ejecutivo de Tesla, Elon Musk, en su cuenta oficial de Twitter, quien a través de su compañía ha invertido 1.500 millones de dólares en el Bitcoin, anunciando la aceptación de pagos en dicha criptomoneda como forma principal para sus coches eléctricos Tesla; se ha referido a Dogecoin como su moneda favorita y "la moneda de la gente". Sin embargo, son muchos los cripto inversores quienes advierten que este tipo de declaraciones no deben ser tomadas en serio.

A primera vista y, de entrada, Dogecoin es sin duda alguna y se ha convertido en la criptomoneda más divertida y amistosa de todo el universo cripto. Dogecoin tiene una diferencia propia y exclusiva que la hace particularmente única entre todas las demás, gracias a una comunidad fantástica e increíble, constituida por personas que se parecen y disfrutan lo que hacen, especialmente; formar parte de esta activa familia virtual.

Dogecoin es muy querida por la generación Z, por los amantes de los animales; y muy especialmente por quienes adoran y cuidan a los perros, sin dejar de lado a quienes se divierten e inspiran en memes. Dogecoin, sin saberlo; incursionó de manera poderosa en la subjetividad personal de una gran comunidad.

En el creciente mundo de las criptomonedas y su desenfrenada expansión dentro del ecosistema digital, hemos visto surgir y desaparecer, bajo diversas circunstancias; cualquier número de monedas digitales que han estimado en este espacio una oportunidad de interés en el ámbito criptoactivo. Hoy día existen más de 10.000 criptomonedas, manteniéndose firmes ante la fluctuación del mercado y cerca de 800 han muerto o desaparecido.

636 formaron parte de cripto proyectos sólidos, pero no se lograron materializar, 125 fueron francos engaños, 55 nacieron como una simple broma y 12 fueron hackeadas. Sin embargo, la tendencia a mantenerse con presencia activa está en el secreto de sus objetivos. Por ejemplo, en la época más oscura o de muy mala fama que adornaba la existencia de Bitcoin, por verse involucrada en grandes e importantes transacciones de mercados negros en la Dark Web, Dogecoin aparece como una alternativa que no tuviera nada que ver con asuntos, relaciones e intercambios turbios.

Dogecoin refrescó el ambiente con simpatía, con aires nuevos y frescos que generaron desde un primer instante; cierto nivel de alegría tras un meme que acuñado en su imagen. Un maravilloso objetivo trae a la luz a Dogecoin, abanicar el mercado, generar tranquilidad y crear confianza en que son más los proyectos positivos que buscan fundamentarse en el respeto y la honestidad; a sabiendas de que puede suceder de todo y entendiendo; cómo lo vivió, que del bien también surge la ambición y el mal, pero que se logran superar.

Memes y Criptomonedas: Dogecoin

Situación: Un paciente espera por recibir su primera dosis de la vacuna anti covid-19 y esta le viene con una dosis especial de consejos sobre criptomonedas. El enfermero que administraba la vacuna comenta: "- Estoy comprando Dogecoin, la moneda meme de inspiración canina. Su precio varía enormemente en parte debido a los tweets de Elon Musk y la reacción pública de su comunidad". Colocada la vacuna, el paciente recibe una recomendación, en esta era pandémica. "Recuerde, compré algunos Dogecoin".

Estamos en la era de invertir por memes. Algunas personas están lanzando toneladas y toneladas de dinero a una acción o una moneda, no porque crean que hay algo significativamente diferente en el valor subyacente del activo, sino porque se hizo popular en Internet y piensan que es divertido, genial o simplemente algo diferente que hacer. Muchos de ellos compran el bombo generado en plataformas como Reddit y TikTok y se unen. Cripto es el compendio de todo esto, así como de todo el desorden y la confusión que ello conlleva.

"Algunas cosas son claramente legítimas y otras son claramente mentiras, y también hay una larga lista de cosas que son un poco más confusas", dijo Sam Bankman-Fried, director de Alameda Research y el intercambio de derivados de criptomonedas FTX. "En este entorno financiero, a veces solo una ficha con un meme o una acción con un meme o un activo con un meme es suficiente para obtener una valoración de 20.000,00 millones de dólares".

Es posible que estés familiarizado con la saga GameStop a principios de este año, cuando un ejército de comerciantes en WallStreetBets ayudó a impulsar un aumento espectacular en el precio de las acciones del minorista aparentemente de la nada. Se las arreglaron para molestar a algunos grandes nombres de Wall Street. Hay algunos inversores que dirán que estaban en el comercio de GameStop porque creen en el valor de la empresa incipiente, pero muchos de ellos estaban allí para GameStop como un meme.

Pero las criptomonedas han estado operando así prácticamente desde el principio. El aspecto meme siempre ha sido parte del atractivo. Bitcoin, Dogecoin y Ethereum son tanto un fenómeno cultural y de Internet como tecnológico o financiero. Y a medida que las criptomonedas se generalizan, también lo hacen los memes, especialmente porque la gente se está iniciando en el day trading sin mucho plan de inversión.

Aunque las criptomonedas han existido durante más de una década, están capturando más titulares recientemente. El precio de Bitcoin, la criptomoneda original, ha pasado de $5.000 a $6.000 hace un año para superar los $60.000 por algún tiempo. Tanto los inversores institucionales como los ordinarios han estado de acuerdo.

Pero las criptomonedas también son increíblemente volátiles, como se evidencia en las salvajes fluctuaciones observadas en cierto y determinados momentos. Una transacción repentina del 19 de mayo de 2021, hizo que el precio de Bitcoin cayera un 30 por ciento, y cientos de miles de comerciantes fueron liquidados por completo.

Algunas otras "altcoins", es decir, cualquier cosa que no sea Bitcoin; también se hundieron.

Algunos comerciantes de criptomonedas dicen que tienen ojos con visión láser, lo que significa que no se desvían del curso de Bitcoin en lo absoluto. Pero para muchos inversores nuevos, ha sido un curso intensivo sobre el caos criptográfico. Es allí cuando el meme se encuentra con la realidad.

"Las personas que no estén conectadas a esto de las criptomonedas las 24 horas del día, los 7 días de la semana, definitivamente deberían ser mucho más cuidadosas de lo que muchas personas abogan por ser", dijo Sam Trabucco, comerciante de criptomonedas en Alameda Research, una firma comercial cuantitativa especializada; al referirse a quienes incursionan por la fiebre del meme.

En el furor actual, algo de lo que está sucediendo parece un poco burlesco e incluso nefasto. El precio de las acciones de Ethan Allen ha aumentado porque la gente confunde su clave de cotización, ETH, con Ethereum. Dave Portnoy, el fundador de Barstool Sports, ha dicho que está invirtiendo en una moneda que podría ser un esquema Ponzi.

Y según un informe de la FTC, los consumidores han perdido más de $80 millones por estafas criptográficas solo en los últimos seis meses, incluidos $2 millones solo para los imitadores de Musk. Muchos políticos y reguladores piden reglas más estrictas en torno al espacio. Resulta sencillo imitar un meme y adoptar la personalidad de una celebridad con intenciones fraudulentas y delictivas.

"Sí, hay una oportunidad", dijo Ed Moya, analista Senior de mercado de OANDA, "pero siento que el riesgo es mayor que cualquier cosa que hayamos visto en Wall Street".

Bitcoin ha pasado por ciclos de auge y caída antes, y los esquemas de bombeo y descarga en monedas más pequeñas en este momento están en todas partes. En una economía de memes, es posible que sienta que está involucrado en la broma criptográfica, pero la broma aún puede ser para usted. Y los memes entran y salen de moda.

Por un lado, aunque las acciones de GameStop no han caído a su valor previo a la "memeficación", todavía se cotizan muy por debajo de sus máximos frenéticos. Musk puede encontrar Bitcoin y Dogecoin interesantes y divertidos en este momento, pero probablemente no lo hará para siempre, ya ha cambiado de opinión en más de una oportunidad. Muchas personas normales se dedicaron al comercio durante la pandemia, incluidas las operaciones de cifrado, porque están aburridas en casa. Ahora que la vida está volviendo paulatinamente a la normalidad, escanear sub reddits aleatorios para reunirse detrás de una nueva moneda, imagen divertida o meme podría caer más abajo en la lista de prioridades.

¿Recuerdas la situación del paciente y el enfermero? Cuando volvió para su segunda dosis de covid-19, decidió no preguntarle nada al enfermero sobre su inversión en Dogecoin, la moneda virtual del perrito. Solo recordé que estaba tratando de acumular 1.000 Dogecoin antes de que este llegara a $1,00 y sabía que probablemente todavía tenía mucho tiempo para llegar allí.

Hemos llegado y ya estamos entrando a la era de los memes de inversión

Son muchísimas las personas que están comercializando con criptomonedas por razones sustantivas. Pero gran parte del frenesí criptográfico parece impulsado recientemente por, no eso. Algún amigo tuyo o mío, quizás el compañero de la escuela secundaria no está tratando de comprar una moneda Shiba Inu porque cree que es la tecnología del futuro.

En el caso de Bitcoin, su tecnología es una parte realmente importante del meme. Dogecoin, es, "Extraigamos todo eso y solo concentrémonos en el meme", dijo Galen Moore, director de datos e índices de CoinDesk. Probablemente la pregunta más apropiada que tienes que hacerte es ¿cuánto tiempo crees que puede durar ese meme?

Algunos comerciantes dedicados dicen que tienen la intención de "hold" o tienen "manos de diamante", lo que significa que no se van a soltar pase lo que pase. Cuando las cosas se ponen difíciles, hay un grupo central decidido a hacer meme a través de ellas. La broma sigue siendo divertida, incluso si la situación financiera no lo es.

No es coincidencia que haya una proliferación de "monedas sucias" y monedas meme, dos términos que a veces son sinónimos de altcoins; que a menudo se disparan y colapsan rápidamente. "Es realmente fácil para alguien en TikTok o lo que sea simplemente copiar o lanzar un token con un nombre divertido, y luego te metes en el comercio de memes", dijo Neeraj Agrawal, jefe de comunicaciones en Coin Center, un grupo de expertos en políticas de cifrado.

Los esquemas de bombeo y descarga, donde un grupo de personas aumenta el precio de una criptomoneda para crear un furor de compra, aumentar el precio y luego vender, son comunes. Son una forma de intentar convertir el meme en un arma. Incluso si entras en un plan de bombeo y descarga con los ojos bien abiertos, es posible que no te des cuenta de que en realidad eres quien esté fuera del plan.

"Si compras algo llamado asscoin, eso depende de ti", dijo Agrawal. La moneda ASS, o, mejor dicho, la moneda Australian Safe Shepherd, es real, existe y también es una broma.

La exuberancia irracional ahora recuerda al año 2017. En ese entonces, había una proliferación de ofertas iniciales de monedas (ICO), con nuevas empresas que ofrecían tokens digitales para recaudar dinero. Generaron mucho revuelo, y algunos incluso llegaron con el respaldo de celebridades. Muchos de ellos resultaron ser estafas, lamentablemente.

"Estamos empezando a ver el tipo de tonterías que ya vimos", agregó Agrawal. "En cuanto a lo que eso significa, quién sabe".

Un número gigante de personas vive con el deseo, el ánimo y la implacable mentalidad de hacerse rico rápidamente.

Una combinación de cosas que ha contribuido al último despegue de las criptomonedas. Algunos grandes nombres institucionales comenzaron a respaldar a Bitcoin. Incluyen al multimillonario financiador de coberturas Paul Tudor Jones, quien dijo que lo ve como una cobertura de inflación y una "gran especulación", y el Bank of New York Mellon, el banco más antiguo del país, que ha anunciado que ofrecerá servicios de Bitcoin. El interés de Musk contribuyó a la emoción.

La plataforma de comercio de criptomonedas Coinbase también se hizo pública, solidificando un lugar en las finanzas más tradicionales. Cash App y PayPal y Venmo han comenzado a aceptar algunas criptomonedas; Tesla dijo que aceptaría Bitcoins, pero luego cambió de rumbo. Pero en general, más personas se han metido en las criptomonedas en los últimos meses y años porque era más fácil hacerlo.

"La sabiduría recibida es que el cuarto trimestre fue impulsado por las instituciones y el primer trimestre fue impulsado por el comercio minorista", dijo Moore, de CoinDesk. El entusiasmo en torno a las criptomonedas, algunas de ellas financieras, otras inspiradas en memes, generó más entusiasmo. Bitcoin es el activo de mejor rendimiento de la última década, y es difícil tanto para los profesionales como para los principiantes no mirar eso y pensar, ¿por qué no intentar entrar?

Mucho de lo que ha impulsado este mercado ha sido esta implacable mentalidad de enriquecerse rápidamente. Ha habido varias monedas alternativas en las que verás que esta moneda ha subido un 30 por ciento en algún día al azar, y la gente estaba comprando estas monedas a ciegas.

Existen miles de criptomonedas y crear una nueva es realmente fácil. Algunas de las opciones son proyectos bastante serios, aunque hay muchas personas inteligentes que no dirían absolutamente nada sobre esto; otros son una broma. Incluso el precio de una criptomoneda en un momento dado puede ser discutible.

En cripto, hay 20 intercambios importantes y no hay leyes que regulen que los precios tengan que ser similares en los intercambios, por lo que cuál es el precio de Bitcoin es más confuso que en las finanzas tradicionales".

En la vida relativamente corta de las criptomonedas, ha habido múltiples rondas de auges y caídas, sobre todo en los años 2013 y 2017. La última vez que esto sucedió, hace unos cuatro años, el precio de Bitcoin alcanzó casi los 20.000 dólares antes de volver a caer a 3.000 dólares. El declive de ciertas temporadas ha provocado especulaciones de que este es el comienzo del final del último ciclo de auge de las criptomonedas. Hay más aceptación institucional esta vez, lo que algunas personas en el espacio dicen que creen que significa que esta vez será diferente. Por supuesto, las instituciones siempre pueden marcharse y muchos inversores se asustan fácilmente. La volatilidad es en realidad una característica, no un error. Es parte de cómo funciona este sistema.

También hay una curva de aprendizaje para ingresar a las criptomonedas, no solo cuando se trata de comprender la volatilidad, sino también cuando se trata de evitar ser estafados o perder sus monedas. La cantidad de dinero que las personas han perdido en las estafas de cifrado aumentó un 1,000 por ciento en los últimos seis meses en comparación con el mismo período del año pasado. Cuando las criptomonedas se pierden, a menudo es difícil, si no imposible, rastrearlas, razón por la cual a veces ha sido un método de elección para el crimen y el lavado de dinero. Ha habido múltiples hacks de alto perfil y, a veces, las personas simplemente pierden su criptografía porque olvidan una contraseña o pierden sus claves. Se calcula que se pierden aproximadamente 140.000 millones de dólares en Bitcoins.

Novedades van y vienen, cambios y restructuraciones, pero todavía hay muchas preguntas regulatorias. Toda la tendencia comercial minorista impulsada por los memes ha provocado pedidos de políticos y reguladores para que se establezcan reglas más estrictas. Lo mismo ocurre con las criptomonedas. Pero ninguna agencia es ni siquiera el claro regulador de las criptomonedas. La Securities and Exchange Commission (SEC), la Commodities Futures Trading Commission (CFTC) y la Financial Crimes Enforcement Network (FinCEN) del Departamento del Tesoro intervienen en algún aspecto. Las criptomonedas generalmente se consideran una mercancía, como el petróleo o el oro, y no como un valor, como una acción, o una moneda, como el dólar. Eso contribuye a la confusión sobre quién está a cargo.

El IRS también tiene que lidiar con el componente de impuestos.

El IRS lanzó recientemente un plan que incluiría requerir que se informen las transacciones criptográficas de más de $10.000, como es el caso del efectivo. Esta nueva política apunta a socavar parte del atractivo de las criptomonedas, donde las transacciones a menudo pasan desapercibidas.

La falta de regulación, en muchos sentidos, hace que el elemento meme sea más potente. Si parece que no hay reglas, ¿por qué no crear una moneda dólar ASS, exagerar y luego engañar a la gente con miles de dólares?

El presidente de la SEC, Gary Gensler, ha dicho que le gustaría ver un marco regulatorio más estricto en torno a las criptomonedas. "Esta es una clase de activos bastante volátil, se podría decir altamente volátil, y el público inversor se beneficiaría de una mayor protección de los inversores en los intercambios de cifrado". Pero es algo que tendría que ser tratado en el Congreso. Hay algunas propuestas de legislación federal relacionadas con las criptomonedas, pero no está claro cuáles son sus perspectivas: Los legisladores tienden a no ser buenos para descubrir la tecnología.

Sin embargo, no es necesariamente el caso de que no haya absolutamente ninguna regla en torno a las criptomonedas. Un delito sigue siendo un delito y el blanqueo de capitales es ilegal independientemente de la moneda. En el año 2019, el investigador Chainalysis rastreó $2.8 mil millones en Bitcoins que pasaron de actividades delictivas a intercambios de cifrado. Pero muchas de las reglas en torno al espacio en este momento no son específicas de la criptografía.

Existen regímenes regulatorios sólidos para los proveedores de servicios regulados por los Estados Unidos en el espacio criptográfico. El problema es que la regulación, en su mayor parte, se está reutilizando para aplicarla a una tecnología en la que algunas de esas regulaciones no se ajustan a la perfección.

No es solo lo que hace Estados Unidos lo que importa; también son otros países. Después de todo, el objetivo de proyectos como Bitcoin es ser globales. Algunos otros países tienen reglas más laxas que los EE. UU., Pero como hemos visto recientemente, las amenazas regulatorias internacionales también pueden causar cambios en los precios.

China tomó medidas recientemente y de esta manera activar acciones drásticas contra las transacciones criptográficas y cerrar las operaciones de minería criptográfica allí, lo que provocó la caída del 19 de mayo del 2021 en los precios de las criptografías. Hong Kong ha propuesto exigir que los intercambios allí tengan licencia de su regulador de mercados y limitar el comercio de criptomonedas a los profesionales, un gran problema, dado que muchos de los intercambios más grandes del mundo se encuentran allí. Dado el impacto ambiental de la minería de criptomonedas, a algunas personas les gustaría que se regulara y desapareciera para siempre.

Por supuesto, muchas de las personas que se han acumulado en el comercio de criptomonedas en los últimos meses no están interesadas en el régimen regulatorio que rodea a la tecnología emergente, ni están dedicadas al proyecto a largo plazo. Se subieron a una moneda de meme y se fueron a dar un paseo, muchos de ellos aprendieron que ganar dinero rápido en algo que vieron como tendencia en Internet es más fácil de decir que de hacer.

Algunas personas ganarán mucho dinero; más gente perderá mucho dinero, pero se espera que salga algo bueno de todo esto. Como mínimo, tendrán los memes que conocieron en el camino.

DOS

ENTENDIENDO EN PROFUNDIDAD DOGECOIN Y SU DESARROLLO

Destacados inversores y expertos en criptomonedas, implicados en diversos proyectos, conocen muy bien y de cerca, a Dogecoin desde el año 2013. Muchos de ellos coinciden en opinar que, en las primeras épocas de la moneda, entre los años 2013 y 2014, se sumaron a esta comunidad y participaron algunos como desarrolladores. Jamás dejará de decirse que Dogecoin era una broma o una parodia que intentaba causar risas en aquellos que se tomaban muy en serio esto de las criptomonedas. Algo que definitivamente caló muy bien.

Las personas que siguieron formando parte de la nutrida comunidad Dogecoin, entre los que ya no figura su creador y fundador, Billy Markus, que abandonó su maravilloso proyecto en 2015;

mantuvo en parte su plan para que este no muriese del todo, pero su apoyo resultó ser tan residual que ni su tecnología era sometida a actualizaciones. Ahora bien, en la actualidad están intentando arreglarlo. Dogecoin es un fork (Bifurcación) de Litecoin que a la vez viene siendo un fork de Bitcoin.

Funcionando con una Blockchain propia, que en los últimos años no ha sido sometida a actualizaciones tecnológicas basadas en los estándares del momento, genera un sinfín de dificultades de sincronización y funcionamiento con las wallets. Esto podría traer como consecuencia que, si mueves Dogecoin acabes perdiendo tal vez, algo dinero por problemas en la plataforma. Ahora, con la desatada "fiebre DOGE", muchos desarrolladores están de vuelta y se encuentran realizando cambios para que el sistema funcione y de esta manera poder ponerse al día, aprovechando la oportunidad que además muchos pudiesen producir grandes fondos.

Los problemas que tiene Dogecoin no se quedan allí. Tranquilamente se puede minar, pero resulta costoso hacerlo en el ámbito de casa, no se produce escasez porque a diario ingresan cerca de cinco millones de dólares en monedas al mercado, no existe límite de minado, ofreciendo un solo y gran punto positivo: es una moneda.

Lo más interesante es que ella existe, que con seguridad puedes enviar y recibir dinero en forma de Dogecoin, es decir, como el resto o la mayoría de las criptomonedas, pero claro está, no tiene nada más. No hay un más allá en este proyecto con ciertas ideas de futuro o alguna determinada estrategia para mantener el proyecto.

A todo esto, muchos expertos le añaden un punto determinantemente clave que también ha mencionado hasta Elon Musk, y es la concentración del dinero. Solo unos cuantos inversores acumulan la mayor parte de Dogecoin que hay en el mercado. El número uno o cabeza en el ranking cripto, tiene cerca del 28% del total del dinero existente en circulación.

Aunque no se conoce con precisión quién es, se especula que detrás de esta fortuna podría estar la App Robinhood. Por suerte, esto es algo que no afecta para nada en el precio de primeras, porque no hay un límite establecido en monedas, pero sí se depende de que a una de estas ballenas ricas en Dogecoin no le dé por vender. Si de buenas a primeras, buscara deshacerse de una buena parte de ellos, el precio iría en picado, o algo así como ir en caída libre.

Reconocidos desarrolladores resultan bastante críticos, respecto a la subida de Dogecoin, incluso se atreven a señalar que su éxito podría verse nublado y turbio, resultando muy grave para la industria criptográfica que tantos esfuerzos ha hecho para ser tomada con seriedad. Esta es una situación que afectaría mucho al sector que alguna otra cosa, porque lo hace lucir como un lugar volátil en el que los éxitos y logros solo dependen del dinero que invierta la gente, que puede manipulable con facilidad y no hay nada más. ¿Puede Dogecoin mantenerse algo así en el tiempo? En definitiva, algo es seguro. No sabemos, ni estamos al tanto de cuánto durará este éxito.

Hoy día, pareciera que esto dependiera mucho de Elon Musk y el resto de las personas que lo siguen y apoyan por la moda y la apuesta. Pero en cuanto eso pase, ¿Caería en picado y mucha gente se quedaría en la estacada?

Son muchos lo que se han preguntado sobre cómo es posible que Elon Musk vea tanto potencial en una criptomoneda que se inició y dio sus primeros pasos inspirados en una broma, que funciona con el código abierto ajeno más básico y que prácticamente no ha gozado de ningún desarrollo reciente en GitHub. Los críticos y expertos en el área, apuntan hacia la página de GitHub como estéril y se hacen la pregunta sobre si en realidad si existe al menos algún desarrollador real para Dogecoin.

Ante esta situación, la respuesta de Ross Nicoll, ingeniero de software y programador part time de Dogecoin, es que no se le ve ningún sentido a "gastar esfuerzo de desarrollo sólo por gastar esfuerzo de desarrollo", en especial cuando las actualizaciones aplicadas a Dogecoin pueden llegar a tardar hasta 18 meses para que sean adoptadas por toda la red. Entonces, "¿Por qué íbamos a hacer una actualización más frecuente? Pareciera una locura".

Nicoll decidió unirse al mundo e industria de las criptomonedas luego de transcurrir 10 años en la actividad académica, destacándose como investigador centrado en el diseño y desarrollo de aplicaciones. Recientemente, Nicoll era el encargado de dirigir el desarrollo técnico de contratos inteligentes (Smart Contracts) para el proyecto de Blockchain Empresarial R3, trabajando en una estrecha relación con bancos comerciales. Ross Nicoll también se desempeñó por un breve espacio de tiempo, en su trabajo innovador dentro del reconocido proyecto de NFT CryptoKitties.

Su enfoque, muy bien fundamentado; refleja su gran experiencia en el desarrollo comercial de Blockchain, donde proceder a lanzar una nueva actualización cada tres o cuatro meses al año, como lo suelen hacen algunos otros proyectos de Blockchain, resultaría excesivo.

"No estamos tratando de absorber cantidades masivas de dinero haciendo millonarios o multimillonarios a los desarrolladores" y tampoco "estamos tratando de reinventar la tecnología que otras 3000 Blockchains ya han reinventado" - Ross Nicoll.

El modelo propio de Bitcoin es seguido muy de cerca por Dogecoin, pero, al igual que Litecoin, esta criptomoneda utiliza un código distinto, Scrypt; que consume menos cantidad de energía y está mucho más alineado a la nueva postura ecológica que sugiere Elon Musk sobre lo que a criptomonedas se refiere.

Para Nicoll, la red cripto padece actualmente "problemas de rendimiento con la sincronización propia de la red", esto es algo que podría ser resuelto con una próxima actualización, minuciosamente diseñada para actuar como una base apropiada para muchos de los radicales cambios que están por venir, algunos de los cuales han sido respaldados por Musk.

A medida que el mercado de Dogecoin eleva su temperatura, Nicoll; desarrollador a medio tiempo ha reconocido que el interés por generar desarrollo por la moneda se ha disparado. "Estamos viendo una avalancha de desarrolladores que se lanzan a trabajar en ella". Existe otro grupo de desarrolladores que se han autodenominado "principales", como por ejemplo un equipo en Nueva York que recientemente ha surgido. Lo cual emociona a Ross Nicoll, quien ha manifestado sus deseos honestos de ver a más equipos de desarrollo que se dediquen a hacer cada día, más cosas nuevas por el criptoverso. Quienes han trabajado en Dogecoin hasta el momento, se han dedicado en su mayoría a realizar labores destacadas a medio tiempo.

Con gran satisfacción Ross se ha dedicado a actuar como desarrollador para Dogecoin, con la complacencia de trabajar y planificar sus estrategias desde la comodidad de su casa, a gusto y con abnegación; invirtiendo solo medio tiempo o media jornada para una moneda virtual que ha venido despertando interés, empatía y ganado adeptos que anhelan ver a Dogecoin cada día en mejores y destacadas posiciones.

La estructura de Dogecoin, su conformación, configuración y desarrollo; no requieren un Líder Técnico Senior, esta moneda digital tiene el privilegio de tener a Ross Nicoll como desarrollador a medio tiempo y gran seguidor como Elon Musk; quienes han logrado impactar en el mercado de Dogecoin, ganando y ampliando efectiva y estratégicamente más y más espacio en la red.

Nicoll tiende a cuestionar cómo los proyectos pueden pretender llegar a ser totalmente descentralizados aun cuando dependen de un gran puñado de colaboradores en primera línea. En Dogecoin se quisiera tener 100, 200 o 1.000 colaboradores en segunda fila, amparados por tres o cuatro colaboradores principales: eso es descentralizado. A Dogecoin se le mira como si su comunidad estuviera fuera de razón, pero es algo que para Nicoll tiene sentido.

Con tal objetivo fijado entre ceja y ceja, Nicoll se ha dedicado a transmitir su codificación en forma directa vía Twitch para así formar y educar a la próxima generación de desarrolladores a favor de Dogecoin. Uno de sus más fervientes deseos es que los actuales y nuevos desarrolladores trabajen en proyectos como el tan esperado puente DOGEthereum, y proyectos de finanzas descentralizadas (DeFi) para de esta manera introducir una compatibilidad con contratos inteligentes en DOGE.

Gracias al buen precio del cual goza DOGE, esta cuenta hoy día con fondos suficientes en su "caja chica". El actual equipo central de desarrollo está estableciendo constantemente un marco y una guía sobre cómo se utilizarán dichos fondos, dada su magnitud. Luego de haber rechazado el dinero que pretendía aportar Musk y otros grandes posibles inversores de gran poder económico, los cuales Nicoll prefirió no mencionar, para evitar estar en deuda con una persona, no ven qué sentido tiene seguir recaudando más y más fondos hasta tanto no tengan un plan definido y concreto sobre cómo sería utilizará dicho dinero.

En una ocasión Ross Nicoll, el desarrollador de Dogecoin declaró que Elon Musk ha estado desde el año 2019, asesorando al pequeño equipo que trabaja para la esta criptomoneda, igualmente Musk se ha ofrecido para financiar a Dogecoin con el deseo de verla convertida en la cripto más dominante del mercado. Sin embargo, inspirados en su confianza y facultades; Nicoll y sus otros desarrolladores se han esmerado en sentar las bases para la mayor y mejor actualización que merece Dogecoin.

Cualquier número de seguidores de Dogecoin ven en Elon Musk, el mayor influencer en criptomonedas desde la red social Twitter, como a un tipo de desarrollador e impulsador honorario. En una oportunidad Musk tuiteó sobre Nicoll y los otros tres desarrolladores principales con responsabilidad en la Blockchain de Dogecoin, diciendo: "Trabajando con desarrolladores de DOGE para mejorar la eficiencia de las transacciones del sistema. Potencialmente prometedor". 13 de mayo de 2021.

Este tuit emocionó mucho a los Dogecoiners y desde luego al mismo Nicoll, quien consideraba estos acontecimientos como un típico episodio surrealista al mejor estilo de la serie de ciencia ficción "Black Mirror". Desde que Musk conoció a Dogecoin, dejó ver su entusiasmo por esta moneda virtual y su anhelo de verla convertida en la más utilizada en el mundo.

Hasta la fecha, la participación del tecnólogo Elon Musk en Dogecoin, la criptomoneda que dio sus primeros pasos como una réplica a Bitcoin, había sido un secreto, incluso a pesar de que sus tuits han logrado que Dogecoin se dispare hasta en un 10.000% desde inicios del año 2021.

La primera vez que Musk tuiteó sobre el proyecto fue en el año 2019, cuando se le ofreció, y aceptando; el título de CEO honorario para Dogecoin en el ojo del huracán, ante una comunidad que había languidecido en gran número después de que los fundadores del token lo habían abandonado en el año 2015. Desde entonces, han sido cinco los desarrolladores: Ross Nicoll, Michi Lumin, Max Keller, Patrick Lodder y "Sporklin", quien lamentablemente falleciera de cáncer en abril del presente año, han dedicado parte de su tiempo para trabajar en el proyecto Dogecoin de código abierto en sus tiempos y tratos libres. Se puede decir que realmente este equipo no trabaja; se dedica a hacer algo que les une, apasiona y gusta.

Elon Musk, miembro activo en la red social Twitter, envía mensajes dirigidos de vez en cuando con mención a Dogecoin, y cada vez que esto sucede, los desarrolladores de la moneda entran en una actividad turbulenta o lo que es igual, una "ráfaga de actividad"; producto del efecto generado por los comentarios u opiniones que Musk, en broma o total seriedad, hace sobre Dogecoin.

Dogecoin es una criptomoneda que se ejecuta bajo tecnología Blockchain, de manera similar a Bitcoin y Ethereum. Blockchain es un libro de contabilidad digital distribuido y seguro que almacena todas las transacciones realizadas con una moneda digital descentralizada.

Todos los titulares llevan una copia idéntica del libro mayor de la cadena de bloques de Dogecoin, que se actualiza con frecuencia con todas las transacciones nuevas en la criptomoneda. Al igual que otras criptomonedas, la red Blockchain de Dogecoin utiliza criptografía para mantener seguras todas las transacciones.

Las personas llamadas mineros usan computadoras para resolver ecuaciones matemáticas complejas con el fin de procesar transacciones y registrarlas en la cadena de bloques de Dogecoin, un sistema llamado prueba de trabajo PoW (Proof-Of-Work). A cambio de procesar transacciones y respaldar el libro mayor de Blockchain, los mineros obtienen Dogecoin adicionales, que luego pueden mantener o vender en el mercado abierto.

Dogecoin puede usarse para pagos y compras, pero no es una reserva de valor muy efectiva. Esto se debe principalmente a que no hay un límite de por vida en la cantidad de Dogecoins que se pueden crear mediante la minería, lo que significa que la criptomoneda es altamente inflacionaria, por diseño. La cadena de bloques recompensa a los mineros por su trabajo creando millones de Dogecoins nuevos todos los días, lo que dificulta que las ganancias especulativas de precios en Dogecoin se mantengan con el tiempo.

Reiteramos que Dogecoin es una criptomoneda que se basa en el código de Bitcoin, la criptomoneda número uno del mundo. DOGE, que como ya se ha visto; nació como una bifurcación de Luckycoin, la cual, a su vez, era una bifurcación de Litecoin.

El mecanismo de consenso que posee Dogecoin, está basado en Scrypt de Litecoin. Por tal motivo, DOGE comprarte muchas de las funcionalidades propias con Bitcoin. Al igual que en Bitcoin, los participantes y miembros de la red Blockchain de DOGE, protegen la red y la creación de bloques por medio de la verificación de las transacciones. La diferencia de DOGE es que tiene una particular arquitectura mucho más ligera, lo que le permite un procesamiento de las transacciones más rápidamente que Bitcoin. Por cada bloque generado a través de los mineros, estos obtienen 10 mil DOGE.

Los fundadores y creadores de esta criptomoneda, diseñaron la moneda favorita por excelencia de internet con un límite máximo de hasta 100 mil millones de DOGE. Sin embargo, el equipo decidió en un determinado momento, eliminar el límite un par de meses después de su lanzamiento. Esta es una de las causas por las que su precio no tiende a aumentar tanto como sucede con otras criptomonedas.

Actualmente, DOGE tiene una oferta inflacionaria, generando 5 mil millones de nuevos DOGE cada año.

Con su precio por encima del 12,000% este año, y con grandes nombres, como Elon Musk hablando y tuiteando al respecto, Dogecoin se ha convertido en una de las criptomonedas más populares, junto con Bitcoin, que a su vez alcanzó un nuevo récord de más de $63,000,00

Búsquedas como "¿Dogecoin es el próximo Bitcoin?" incluso son tendencia en Google y las redes sociales. Pero las dos criptomonedas tienen grandes y muy marcadas diferencias entre sí. A continuación, presentamos tres distinciones importantes entre Dogecoin y Bitcoin, según los expertos y conocedores del criptoverso.

Bitcoin tiene escasez incorporada

"Hay muchas diferencias entre Dogecoin y Bitcoin", según la apreciación de Meltem Demirors, director de estrategia de CoinShares.

Una de las "más importantes" es el suministro de cada una.

Dogecoin es inflacionario, lo que significa que se imprime más DOGE cada minuto de cada día, algo que le da a DOGE un suministro potencialmente infinito.

Por ejemplo, "cada minuto de cada día, se emiten 10,000 Dogecoin más. Eso equivale a casi 15 millones de DOGE por día o más de 5 mil millones de DOGE por año.

Una condición ilimitada en la oferta puede afectar negativamente el valor a lo largo del tiempo.

Bitcoin, por otro lado, tiene un suministro finito de 21 millones, lo que crea una escasez incorporada, similar a la forma en que el oro o los diamantes son valiosos porque escasean.

Esta escasez es la razón fundamental por la que los alcistas de Bitcoin abogan por mantener la criptomoneda a largo plazo, porque es limitada, a medida que aumenta la demanda, el precio de Bitcoin también debería hacerlo.

Debido a esta diferencia, se ve a un gran número de personas comerciando con Dogecoin a corto plazo, con los inversores esperando obtener una ganancia rápida y eligiendo mantener a Bitcoin por mucho más tiempo.

Dogecoin fue creado como una broma

Otra diferencia entre Dogecoin y Bitcoin es la premisa sobre la que se creó cada uno. Bitcoin se lanzó en 2009 con un documento técnico extremadamente detallado escrito por Satoshi Nakamoto, el seudónimo utilizado por el creador o los creadores de Bitcoin. La intención de Nakamoto era que Bitcoin se convirtiera en una moneda digital descentralizada prominente. Los partidarios de Bitcoin ven la criptomoneda como oro digital y una protección contra la inflación.

La confianza en Bitcoin ha crecido con los inversores institucionales y minoristas durante su carrera de 12 años, lo que le ha permitido a la criptomoneda, llegar a precios récord insuperables en los últimos meses

En comparación, Dogecoin fue creado como una broma en 2013 por los ingenieros de software Billy Markus y Jackson Palmer. Basado en el meme DOGE, que retrata a un perro Shiba Inu. Markus y Palmer no tenían la intención de que Dogecoin fuera tomado en serio y llegara a convertirse lo que es hoy día.

Dogecoin fue creado para bromear, escribió Markus en una publicación para Reddit. "Lo eché todo junto, sin ninguna expectativa o plan. Me tomó alrededor de 3 horas hacerlo".

Como resultado y sin duda alguna, Dogecoin carece de desarrollo técnico y no es tan seguro como Bitcoin.

A lo largo de los años, Markus se sorprendió al ver lo rápido que creció la comunidad de Dogecoin, ya que se unió a un amor común por el meme del perro Shiba Inu, y recientemente, la criptomoneda explotó después del zumbido de las redes sociales de personas como Musk y Mark Cuban.

"Dogecoin existe actualmente como una especie de broma interna", dice Ledbetter.

Pero para muchas personas, invertir se está convirtiendo en una forma de entretenimiento. Para Dogecoin, el meme es el mensaje. A medida que crece la influencia de FinTwit, Twitter de la industria financiera; también lo harán los memes y la forma en que mueven nuestros mercados.

No obstante, tanto Dogecoin como Bitcoin se han denominado inversiones de riesgo, ya que las criptomonedas son muy volátiles. De hecho, los expertos advierten que los inversores procedan con cautela antes de comprar Dogecoin, ya que consideran que su repunte es altamente especulativo. A su vez, los expertos advierten que las personas solo deben invertir lo que pueden permitirse perder.

Bitcoin tiene un ecosistema bien financiado

Aunque durante muchos años Dogecoin fue desarrollado por ingenieros que copiaron el código exacto del software de Bitcoin, Bitcoin tiene un ecosistema extenso y bien financiado que no existe con Dogecoin.

Mike Novogratz, todo un crack criptográfico y director ejecutivo de Galaxy Digital, le dijo a "Squawk Box" de CNBC el 20 de abril del año 2021, que Bitcoin es "una reserva de valor bien pensada y distribuida que ha durado 12 años y está creciendo en adopción, donde Dogecoin tiene literalmente dos tipos que poseen el 30% de todo el suministro".

Novogratz se mostró preocupado al pensar en que una vez que se incremente y potencie el entusiasmo, no haya desarrolladores en él y no haya instituciones entrando en su comunidad.

A medida que avanza en su estrategia de inversión, es vital comprender mejor las diferencias entre Bitcoin y Dogecoin. Bitcoin, como la primera criptomoneda del mundo, marcó el ritmo de lo que ahora es una revolución financiera. El impacto de esta moneda en el mundo no puede subestimarse. Desde sus inicios, ha ayudado a inspirar otros proyectos emocionantes e interesantes en el mercado. Uno de esos proyectos es Dogecoin.

Bitcoin vs Dogecoin

Cuando Satoshi Nakamoto publicó el documento técnico de Bitcoin hace 12 años, fue la primera vez que se creó una moneda digital viable. A diferencia de sus predecesores, el creador anónimo de Bitcoin pudo superar el problema del doble gasto que había plagado los intentos anteriores de crear una moneda digital.

El doble gasto es un término que se refiere a una estrategia de piratería en la que un individuo realizará un pago y, antes de que se procese el pago, reenviará las mismas monedas a otra parte. Evidentemente, poder enviar las mismas monedas a distintas personas haría colapsar cualquier sistema monetario. Nakamoto superó este problema mediante la integración de una marca de tiempo dentro del algoritmo hash.

Nakamoto se dio cuenta de que, si la marca de tiempo se convertía en parte del algoritmo de hash, sería imposible que las mismas monedas se gastaran dos veces porque tendrían que enviarse exactamente al mismo tiempo. Este descubrimiento fue revolucionario y es lo que permitió que Bitcoin se convirtiera en la primera verdadera criptomoneda del mundo.

Desarrollo de Dogecoin

El desarrollo de Dogecoin se basó en gran medida en los sólidos principios que Bitcoin introdujo en el mercado. Los fundadores de la moneda, Billy Markus y Jackson Palmer, estaban muy familiarizados con Bitcoin y cómo aprovechó la tecnología Blockchain para realizar sus tareas. Ambos fundadores de Dogecoin tenían experiencia en computación. Markus era ingeniero de software en IBM y Palmer trabajaba para Adobe como programador.

Su experiencia les ayudó a crear Dogecoin con poco esfuerzo. Sorprendentemente, Markus ha afirmado que tomó menos de 3 horas programar completamente Dogecoin. Explicó que revisó la codificación de Bitcoin y simplemente eliminó cualquier lugar que dijera Bitcoin y agregó Dogecoin. En consecuencia, Dogecoin es casi una réplica directa en Bitcoin en muchos aspectos. Dogecoin ingresó al mercado el 6 de diciembre de 2013.

A pesar de sus similitudes técnicas, estos dos proyectos ingresaron al mercado con dos propósitos muy diferentes. Bitcoin fue creado para proporcionar al mundo una alternativa viable al sistema financiero actual. La codificación y el documento técnico de la moneda están llenos de indicadores de este propósito. Por ejemplo, el primer bloque en la cadena de bloques de Bitcoin, también llamado Genesis Block, tiene las palabras "The Times 03 / Jan / 2009 Chancellor al borde del segundo rescate para los bancos" incrustadas.

Este mensaje secreto habla de la verdadera intención de esta moneda. El mensaje era una referencia al titular del Times en ese momento. Nakamoto se dio cuenta de que el mundo estaba en deuda con un sistema financiero que tenía menos que ver con la prosperidad y, en cambio, se centraba en mantener el control sobre la población a través de la manipulación monetaria. El sistema bancario central había decidido una vez más alterar los indicadores y las medidas del mercado en un esfuerzo por promover la manipulación.

Es esta misión la que ayudó a Bitcoin a conseguir seguidores tan incondicionales. Muchos de los defensores más fervientes de Bitcoin realmente creen que Bitcoin es la única forma en que las masas pueden salir de este ciclo interminable de terrorismo monetario. Respaldan la moneda, no por su destreza técnica, ya que ahora hay muchas más monedas capaces que ofrecen un montón de características nuevas y son más escalables. Apoyan la primera criptomoneda del mundo porque realmente creen en la misión de Nakamoto de salvar al mundo de un futuro en deuda con el actual sistema de banca central del mundo que puede imprimir moneda fiduciaria cuando lo considere oportuno.

Propósito de Dogecoin

En comparación, Dogecoin no ingresó al mercado con esos grandes ideales en mente. Markus ha declarado que inicialmente la moneda se creó como una broma. Al igual que Bitcoin, sus intenciones se entretejen con las características de la moneda. Por ejemplo, el nombre Dogecoin y su ahora famoso logotipo de Shiba Inu eran una referencia a un meme popular en ese momento. La moneda no se originó con un propósito divino en mente, sino más bien para hacer sonreír a la gente y hacer reír a las personas selectas que pensaban que alguna vez verían el proyecto.

A pesar de sus modestos objetivos, Dogecoin ha hecho mucho bien para las personas de todo el mundo. No mucho después de su lanzamiento, Dogecoin comenzó a ganar valor. Dado que el proyecto se inició originalmente con una naturaleza cómica, los creadores del token sintieron que sería de buen humor promover sus buenas intenciones donando sus ganancias a causas dignas en todo el mundo.

Se podría decir que la buena voluntad de Dogecoin comenzó tan pronto como la moneda llegó al mercado. Casi milagrosamente, Dogecoin vio un aumento del 300% en el valor días después del lanzamiento. Las ganancias no se mantuvieron por mucho tiempo, pero ayudaron a demostrar que había una demanda de una versión alegre y divertida de Bitcoin.

A pesar de sus modestos objetivos, Dogecoin ha hecho mucho bien para las personas de todo el mundo. No mucho después de su lanzamiento, Dogecoin comenzó a ganar valor. Dado que el proyecto se inició originalmente con una naturaleza cómica, los creadores del token sintieron que sería de buen humor promover sus buenas intenciones donando sus ganancias a causas dignas en todo el mundo.

Se podría decir que la buena voluntad de Dogecoin comenzó tan pronto como la moneda llegó al mercado. Casi milagrosamente, Dogecoin vio un aumento del 300% en el valor días después del lanzamiento. Las ganancias no se mantuvieron por mucho tiempo, pero ayudaron a demostrar que había una demanda de una versión alegre y divertida de Bitcoin.

Dogecoin vs Bitcoin - El primer truco

Dogecoin no tuvo que estar en servicio por mucho tiempo antes de que su buena voluntad y la comunidad tuvieran la oportunidad de forjar aún más su nicho único. En diciembre de 2013, pocos días después del lanzamiento, la billetera de Dogecoin fue pirateada. El infiltrado robó millones de Dogecoin de una gran base de usuarios. Para la mayoría de las monedas, un truco tan devastador habría señalado el final de la broma, sin embargo, para Dogecoin, fue su primera prueba verdadera.

Después del hackeo, Dogecoin organizó una campaña de recaudación de fondos con el nombre "SaveDOGEmas" en un esfuerzo por pagar a quienes habían incurrido en pérdidas. De manera impresionante, la comunidad aceptó el desafío y, en cuestión de días, todos los que habían perdido monedas vieron sus pérdidas reembolsadas mediante donaciones de otros titulares de Dogecoin. Esta fue la primera, pero no la última vez, que la buena voluntad de Dogecoin ayudaría a los menos afortunados.

El pago exitoso del truco ayudó a diferenciar la moneda de otros proyectos de primera generación en ese momento. También animó a los fundadores del proyecto a ver qué otras grandes causas podían defender. En 2014, la plataforma inició una impresionante campaña de buena voluntad que incluyó la recaudación de $25.000,00 para el equipo de Bobsled de Jamaica. A partir de ahí, la red se volvió aún más ambiciosa en sus objetivos de hacer del mundo un lugar mejor.

Dogecoin se vuelve humanitario

Al año siguiente, la comunidad Dogecoin intensificó sus esfuerzos de manera significativa. Ese año, los seguidores de Dogecoin ayudaron a patrocinar una iniciativa de agua limpia en Kenia con gran éxito. A partir de ahí, la comunidad no se detuvo. Su próxima campaña ayudaría a entrenar perros de asistencia para niños autistas. Hoy, Dogecoin tiene un historial impresionante de ayudar a los menos afortunados de todo el mundo. Es este espíritu de buena voluntad el que continuamente hace de esta moneda un proyecto popular.

Diferencias técnicas

No se puede negar que Dogecoin comparte muchos aspectos técnicos con Bitcoin. Sin embargo, no son idénticos. Hay algunas variaciones que hacen que las dos monedas sean más que simples duplicados. Los fundadores de Dogecoin pudieron tejer su sentido del humor con la codificación principal de la moneda. Específicamente, cambiaron muchos de los términos utilizados dentro del ecosistema. Por ejemplo, los mineros de Dogecoin se conocen como excavadores.

Consenso

Markus también cambió algunos aspectos del mecanismo de consenso al crear Dogecoin. Bitcoin se basa en el mecanismo de consenso SHA-256 para proteger su red. Dogecoin elimina SHA-256 y, en cambio, se basa en la tecnología scrypt dentro de su mecanismo de prueba de trabajo o Proof-Of-Work (PoW). El cambio fue una respuesta directa a la creciente naturaleza competitiva del sector minero de Bitcoin.

En ese momento, el sector minero de Bitcoin ya estaba experimentando una fuerte concentración. Los mineros habían comenzado a crear plataformas de GPU más potentes y la entrada de los primeros mineros basados en ASIC (chip integrado específico de la aplicación) de Bitmain en 2013 había hecho que el precio de la minería de Bitcoin se disparara. Estos nuevos mineros eran miles de veces más poderosos que los mineros basados en CPU.

Centralización minera

Lamentablemente, las nuevas plataformas mineras también eran caras. Esto dejó a la minería de Bitcoin solo para aquellos que tenían los fondos para comprar una de estas máquinas de alta potencia. Por supuesto, aún puede extraer la moneda con su PC normal, como todavía puede hacerlo hoy, sin embargo, las posibilidades de recibir una recompensa en un sector minero tan competitivo eran muy bajas. En esencia, estos desarrollos impiden que el usuario promedio participe en la protección de la cadena de bloques de Bitcoin.

Deseoso de evitar un escenario similar con Dogecoin, Markus tuvo la buena previsión de utilizar un algoritmo Proof-Of-Work (PoW) basado en scrypt. La ventaja de este estilo de Proof-Of-Work (PoW) es que evita que las personas utilicen sus mineros Bitcoin ASIC en la red. La estrategia dio sus frutos porque niveló el campo de juego. Solo puede minar Dogecoin utilizando dispositivos FPGA y ASIC dedicados.

Además, Dogecoin redujo los tiempos de bloqueo en comparación con Bitcoin. Los mineros de Bitcoin aprueban bloques de nuevas transacciones en intervalos de diez minutos. Los excavadores de Dogecoin aprueban bloques cada minuto. Este aumento de la tasa de minería en realidad condujo a algunos problemas más adelante en el desarrollo de Dogecoin. Originalmente, Dogecoin tenía la intención de emitir solo 100 mil millones de monedas. Sin embargo, los tiempos de bloque de 10 minutos hicieron que la red emitiera todas sus monedas en 2015. Los desarrolladores ahora han cambiado el protocolo para emitir 5 mil millones de monedas al año en el futuro.

Bitcoin se establece en 21 millones de monedas con las últimas recompensas de Bitcoin programadas para su emisión en algún momento del año 2140. Nunca se crearán más Bitcoin más allá de este punto. Es esta escasez la que se suma al valor general de la criptomoneda. Es por eso que un solo Bitcoin puede costar más de $30.000,00 y un solo Dogecoin cuesta alrededor de $0,30+

En términos de inversión, ambos proyectos son emocionantes. Por supuesto, no hay posibilidad de que Dogecoin alcance los valores astronómicos que Bitcoin pueda obtener algún día. Principalmente porque hay muchas más Dogecoin en el mercado. Sin embargo, eso no significa que no pueda obtener un ROI serio invirtiendo en Dogecoin.

Dogecoin tiene un historial de carreras de mercado impresionantes impulsadas por su comunidad y la buena voluntad general. Recientemente, la moneda se disparó en valor 7 veces después de recibir un respaldo entusiasta de algunas celebridades conocidas y un grupo de inversión de Reddit muy popular. Esta no fue la primera vez que Dogecoin tuvo una ruptura y probablemente no sea la última. De esta manera, Dogecoin representa la buena voluntad de la comunidad criptográfica y el objetivo subyacente de mejorar la vida de todos en el mundo, no solo de los ricos.

Por estas razones, no es una mala idea tener algunas de estas dos monedas en su cartera. Bitcoin, porque representa la verdadera libertad financiera y una ruptura con cientos de años de manipulación financiera a manos de los gobiernos, y Dogecoin porque demuestra una voluntad de ayudar a quienes lo rodean y brindar un enfoque más alegre a las finanzas.

Dado el estado del mercado, se puede suponer que las criptomonedas como Bitcoin están al borde de una adopción a gran escala. Este año, varias instituciones financieras importantes han abandonado sus tenencias fiduciarias y han transferido sus reservas a Bitcoin. Cada vez que otra empresa se somete a esta conversión, el mercado se dispara a nuevas alturas. A su vez, estas empresas obtienen enormes beneficios.

Por ejemplo, la popular compañía de automóviles eléctricos Tesla

Motors invirtió recientemente 1.500 millones de dólares en Bitcoin. En 30 días, Tesla había obtenido más ganancias del aumento en el valor de Bitcoin que vendiendo sus autos durante todo el año. Desde entonces, la compañía ha declarado que tiene la intención de integrar Bitcoin aún más en su ecosistema al permitir que los usuarios paguen los pagos de sus automóviles directamente utilizando la primera criptomoneda del mundo.

Dogecoin también parece tener un futuro brillante por delante. La moneda se está convirtiendo rápidamente en uno de los proyectos más conocidos del mercado. La moneda también fue respaldada por el hombre más rico del mundo y el director ejecutivo de Tesla Motors, Elon Musk. La moneda ha adoptado ahora una postura más revolucionaria a los ojos de los inversores. Muchas personas están invirtiendo en Dogecoin como señal de su voluntad de abandonar las prácticas injustas de negociación de acciones ejercidas por los principales fondos de cobertura del mundo.

Dogecoin continúa apareciendo en los titulares a medida que más inversores se unen a la revolución financiera. Recientemente, el rapero y estrella de cine estadounidense Snoop Dogg tuiteó sobre la moneda. Esto disparó el valor de Dogecoin hasta un 55%. No está solo en el creciente número de celebridades que ayudan a construir la comunidad de este proyecto lleno de diversión. Incluso la estrella de rock de la legendaria banda Kiss, Gene Simmons, ha tuiteado recientemente una foto del amado Shiba Inu, declarándose "El Dios Del DOGE"

Si bien es común que los expertos en Bitcoin descarten a Dogecoin debido a sus intenciones cómicas, el proyecto todavía está muy vivo y ha estado haciendo lo suyo durante casi una década. Cuando combina este hecho con el apoyo abrumador que tiene la moneda, es difícil imaginar que Dogecoin salga del mercado. Por estas razones, tanto Dogecoin como Bitcoin pueden considerarse vitales para una mayor adopción de las criptomonedas.

TRES

POR QUE LA INVERSION EN DOGECOIN ES TAN RENTABLE Y COMO APROVECHAR ESTO

Reconozcamos y entendamos que Dogecoin es una moneda digital descentralizada, que no existe de forma física y además no es emitida, operada ni administrada por ninguna entidad bancaria, ente financiero u organización única. Dogecoin es una moneda muy accesible y nada intimidante por su propia naturaleza amigable, tal vez por su mismo origen; que la hace cercana a toda persona. Entre otras cosas, hay quienes ven a Dogecoin como una moneda virtual sin muy grandes expectativas a futuro; la consideran como surgió: Una broma. Sin embargo, muchas personas se han sentido atraídas por esta criptomoneda y han decidido invertir en ella, muy a pesar de que sus propios creadores la han abandonado.

Por haber surgido como una moneda improvisada y como algo nada serio y por diversión, muchos deciden no comprar Dogecoin, mientras que otros lo hacen para hacerse parte del meme, que no es un activo tipo Bitcoin y que es muy económico, tomando día a día la seriedad no esperada. Obtener Dogecoin es considerado más como un gasto que como una inversión propiamente dicha, situación esta, que la hace y la viene ubicando en un rango de popularidad bastante particular.

Invertir en Dogecoin para un importante número de compradores es quizás un "a ver" qué puede suceder, qué pueda cambiar, qué tanto se podrá ganar; un "a ver" qué tan valioso resultaría comprar DOGE; algo así como "a ver" si sale mi número de lotería. Ahora bien, si no pasa nada con la inversión, entonces esto se convertiría solo una compra por diversión, en hacer recreativa una adquisición por gusto o mero placer.

Simplemente, no pasa nada. Su precio actual atrae y sigue captando la atención del público cripto inversor. De momento, si alguien considera invertir en DOGE; es aconsejable que lo vea como un gasto y no precisamente como una inversión propiamente dicha, quizás cuando menos lo espere; llega el momento de su gloria. Tal vez escuches todo tipo de historias en el proceso de inversión que acrecientan tu Fear Of Missing Out (FOMO), tu miedo a perder una oportunidad, esa sensación emocional de temor que afecta a todos los inversionistas.

Escucharás historias de éxitos y fracasos, de triunfos y derrotas, tal vez sean más los relatos negativos que los positivos y ello te genere mucho miedo e inseguridad. Recuerda, la oportunidad llega y toca a tu puerta, abre y déjala pasar; decídete a dar ese gran paso.

Con el correr de los días y este breve espacio de tiempo que tiene Dogecoin en el camino de las criptomonedas, ha logrado posicionarse muy bien y crear atracción en el mercado. Recuerda que es factible invertir en esta moneda virtual, eso sí; considerado un posible riesgo, pero a la vez una gran oportunidad; es decir, tu inversión puede dar frutos como también podría ser estéril. Esto se lo dejaremos al destino, mientras tanto DOGE sigue creciendo, ganando valor y capitalización de mercado. No se trata de un bingo, pero estamos incursionando en un mundo donde todo podría suceder.

Dogecoin ha estado y permanece en los titulares durante los últimos meses por sus asombrosos rendimientos. Desde principios de año, el precio de Dogecoin se ha disparado en casi un 7.000% al momento de redactar este artículo. En los últimos 12 meses, ha aumentado en más de un 15.500%.

En comparación con dos de los nombres más importantes y populares en cripto, Bitcoin (CRYPTO: BTC) y Ethereum (CRYPTO: ETH), han visto aumentar sus precios en alrededor de un 300% y un 1.000%, respectivamente, durante el pasado año 2020. Si bien muchas criptomonedas han experimentado rendimientos récord, Dogecoin está en una liga de crecimiento y desarrollo muy propia.

Es difícil ignorar números como estos. Sin embargo, el hecho de que una inversión esté obteniendo rendimientos tan altos no significa necesariamente que sea una buena idea comprar. Dogecoin puede ser demasiado bueno para ser verdad, y hay un gran riesgo a considerar antes de invertir.

Un precio bajo no siempre es bueno ni oportuno, más aún en el ámbito de las criptomonedas como Bitcoin y Ethereum, que pueden ser los jugadores más importantes en el espacio criptográfico, pero también son caras. A mediados de abril de este año, cuando Bitcoin alcanzó su punto máximo, costaba alrededor de $65.000 por token. Ethereum costó poco más de $4.000 por token en su punto máximo a mediados de mayo del mismo año.

Sin embargo, el récord de Dogecoin fue de sólo $0,68. Con un precio tan bajo, es una de las inversiones más asequibles que existe. Y si no está seguro de invertir, puede ser tentador comprar Dogecoin simplemente porque es barato, nada más.

Por otro lado, esa puede ser una medida increíblemente arriesgada porque las inversiones asequibles no siempre son las mejores a tomar. Si compra Dogecoin solo porque es más barato que sus competidores, aún podría terminar perdiendo dinero, y de esto no cabe la mayor duda.

Si bien todas las criptomonedas son riesgosas, Dogecoin es una de las inversiones más peligrosas. Antes de siquiera considerar comprar, es importante pensar en cómo esta inversión puede resultar efectiva y la más conveniente con el tiempo.

Muchos quisiéramos tener una gran bola de cristal y más que predecir el futuro, saber su Dogecoin sobrevivirá a largo plazo. Con cualquier inversión, el factor más importante a considerar es si es probable que experimente un crecimiento a largo plazo. Es más probable que las inversiones a largo plazo se recuperen después de las recesiones y retengan una ventaja competitiva en su industria.

Las criptomonedas, en general, siguen siendo muy especulativas. En otras palabras, nadie sabe con certeza si seguirán existiendo en unos pocos años o décadas. Dogecoin, sin embargo, es especialmente arriesgado porque no tiene tanta utilidad como sus competidores.

Para que cualquier criptomoneda se convierta en algo común, debe tener algún tipo de uso en el mundo real. Bitcoin es el tipo de criptomoneda más popular, y es el tipo de criptomoneda que los comerciantes están más dispuestos a aceptar. Eso le da una ventaja significativa porque la adopción generalizada será clave para el éxito de cualquier criptomoneda.

Ethereum también tiene una utilidad en el mundo real a través de su tecnología Blockchain. La cadena de bloques Ethereum no solo alberga su token nativo, Ether, sino que también es la red utilizada por tokens no fungibles (NFT), finanzas descentralizadas y miles de otras aplicaciones. La tecnología Ethereum tiene el potencial de revolucionar una variedad de industrias y, si tiene éxito, su criptomoneda, Ether, también tiene buenas posibilidades de prosperar.

Dogecoin, por otro lado, tiene muy poca utilidad en este momento. Los pocos comerciantes que aceptan cripto tienen más probabilidades de aceptar Bitcoin que Dogecoin, y Dogecoin no tiene ventajas importantes sobre sus competidores en la actualidad.

Otra gran pregunta es, si el precio de Dogecoin seguirá aumentando. Por supuesto, a pesar de tener muy poca utilidad en el mundo real, los rendimientos de Dogecoin aún han superado a sus competidores. Sin embargo, esas ganancias son en gran parte artificiales y probablemente no durarán para siempre.

Parte de la razón por la que el precio de Dogecoin se ha disparado es porque se ha promocionado y producido mucho en línea. Multimillonarios famosos como Elon Musk y Mark Cuban han difundido Dogecoin en las redes sociales, y los inversores minoristas han invertido en masa.

Cuantas más personas inviertan en un activo, mayor será su precio. La carrera de Dogecoin es similar a la saga GameStop a principios de este año cuando los inversores aumentaron el precio de las acciones sólo para deshacerse de ellas poco después en un intento de hacer dinero rápido.

Con cualquier inversión, si el precio de las acciones no se alinea con los fundamentos subyacentes, eso es una señal de alerta. Dogecoin tiene poca utilidad y ninguna ventaja competitiva en la industria, sin embargo, su precio se ha disparado. Esa es una señal probable de que este crecimiento pudiese no continuar a largo plazo, algo que estará por verse.

El precio de Dogecoin ya ha empeorado en las últimas semanas. Y a menos que desarrolle una forma de mantenerse competitivo, es muy probable, según ciertos expertos; que no sobreviva con el tiempo. Entonces, no importa cuán económico sea, sigue siendo una inversión peligrosa.

Ahora bien, si no inviertes en Dogecoin, dónde debería hacerlo. Ya sea que elijas invertir en criptomonedas o acciones, siempre es una buena idea investigar los fundamentos subyacentes de una inversión. Mirar más allá del precio e intentar determinar si la inversión tiene utilidad en el mundo real y una fuerte ventaja competitiva.

Las mejores inversiones son las que tienen más probabilidades de experimentar un crecimiento a largo plazo. Es posible que Dogecoin no sea la mejor inversión en este momento, pero hay muchas opciones más seguras que aún tienen el potencial de obtener mayores ganancias.

Es un tema de interés muy personal, saber si ahora es el momento de invertir o arriesgar $1.000 en Dogecoin, teniendo presente el respaldo de grandes y fieles inverso-fans donde figuran importantes celebridades y marcas. Sería oportuno, antes de invertir en Dogecoin, no estaría de más valorar el hecho de que un nutrido grupo de expertos y analistas de la industria ha elaborado una lista de lo que estiman son las 10 mejores acciones para que los inversores compren en este momento, y curiosamente, Dogecoin no es una de ellas.

El servicio de inversión web que ha administrado durante casi dos décadas Motley Fool Stock Advisor, ha batido al mercado de valores por más de 4 ocasiones, y justo ahora mismo, creen que hay 10 acciones que representan la mejor opción de inversión y, ¿Por qué no?; utilizando tus fondos digitales. Veamos esta interesante lista, en la que no figura ninguna criptomoneda, pero la constituye un grupo de con las que puedes dar uso a las mismas:

MercadoLibre, Inc.

Opera plataformas de comercio en línea en América Latina. Mercado Pago FinTech, Mercado Fondo y Mercado Crédito son todos pilares importantes. La compañía también ofrece Mercado Shops, una solución de escaparates en línea, que permite a los usuarios configurar, administrar y promover sus propias tiendas web. La empresa se constituyó en 1999 y tiene su sede en Buenos Aires, Argentina.

Sea Limited

Junto con sus subsidiarias, participa en los negocios de entretenimiento digital, comercio electrónico y servicios financieros digitales en el sudeste asiático, América Latina, el resto de Asia e internacionalmente. Sea Limited se constituyó en 2009 y tiene su sede en Singapur.

Coupang, Inc.

Posee y opera en negocios de comercio electrónico a través de sus aplicaciones móviles y sitios web de Internet principalmente en

Corea del Sur. La empresa fue fundada en 2010 y tiene su sede en Seúl, Corea del Sur.

Jumia Technologies AG

Opera una plataforma de comercio electrónico en África. La empresa se conocía anteriormente como Africa Internet Holding GmbH y cambió su nombre a Jumia Technologies AG en enero de 2019. Jumia Technologies AG se fundó en 2012 y tiene su sede en Berlín, Alemania.

Shopify Inc.

Una empresa de comercio, proporciona una plataforma y servicios comerciales. La plataforma de la empresa ofrece a los comerciantes la posibilidad de gestionar sus negocios en varios canales de venta. La compañía se conocía anteriormente como Jaded Pixel Technologies Inc. y cambió su nombre a Shopify Inc. en noviembre de 2011. Shopify Inc. Se incorporó en 2004 y tiene su sede en Ottawa, Canadá.

Alibaba Group Holding Limited

A través de sus subsidiarias, ofrece negocios de comercio móvil y en línea en la República Popular China e internacionalmente. Opera a través de cuatro segmentos: Comercio central, Computación en la nube, Medios digitales y entretenimiento e Iniciativas de innovación y otros. La empresa fue fundada en 1999 y tiene su sede en Hangzhou, República Popular de China.

Vipshop Holdings Limited

Opera como un minorista de descuento en línea para varias marcas en la República Popular de China. Opera a través de cuatro segmentos, Vip.com, Shan Outlets, Internet Finance y otros. La empresa fue fundada en 2008 y tiene su sede en Guangzhou, República Popular de China.

Global-e Online Ltd.

Opera una plataforma de comercio electrónico que conecta a minoristas y marcas en línea con clientes de todo el mundo. La empresa se constituyó en 2013 y tiene sus oficinas centrales en Israel y Londres, Reino Unido. Tiene oficinas adicionales en Nueva York,

Nueva York; París, Francia; Petah Tikva, Israel; Beverly Hills, California; Atlanta, Georgia.

Betterware de México, S.A.B. de C.V.

Opera como una empresa de consumo directo en México. La empresa se centra en el segmento de organización del hogar. Atiende aproximadamente a 3 millones de hogares a través de distribuidores y asociados en aproximadamente 800 comunidades en todo México. Betterware fue fundada en 1995 y tiene su sede en Zapopan, México. Betterware de México, S.A.B. de C.V. es una subsidiaria de Campalier, S.A. de C.V.

Ozon Holdings PLC

Junto con sus subsidiarias, opera como un minorista en Internet de productos de consumo de múltiples categorías para el público en general, principalmente en la Federación de Rusia. La compañía ofrece productos en varias categorías que incluyen electrónica, productos para el hogar y decoración, artículos para niños, bienes de consumo de rápido movimiento, alimentos frescos y repuestos para automóviles. También gestiona una plataforma de mercado en línea que permite a terceros vendedores. Ozon Holdings PLC se incorporó en 1999 y tiene su sede en Nicosia, Chipre.

Una gama básica de empresas y grandes oportunidades a nivel mundial, donde la inversión de tus criptomonedas se verá indudablemente beneficiada. No se trata de una lista de otras cripto, pero sí de empresas que, mediante el mundo digital, se han posesionado y establecido con firmeza; haciendo posible incluso; que el uso e inversión de tu dinero electrónico se vea y se perciba provechoso, en pro a tu actividad criptográfica.

Las criptomonedas, están moviendo al planeta; ¡y de qué manera!

Comprar Dogecoin

El primer paso para comprar Dogecoin es abrir una cuenta con un intercambio de criptomonedas que admita DOGE. Dogecoin está disponible en Coinbase, eToro, Robinhood, Gemini y Webull.

Después de que tanto tu billetera como tu cuenta de intercambio estén abiertas, puedes realizar una orden de compra para comprar

DOGE. Primero, abre la plataforma de negociación de tu inter-cambio y observa el precio actual de DOGE. Aunque los precios de las criptomonedas siempre cambian, puedes esperar pagar cerca de la tasa de mercado; es posible que desees realizar un seguimiento del precio de DOGE y cómo se está moviendo para asegurarte de no pagar de más por tus monedas.

Los mejores intercambios te ofrecerán una amplia gama de tipos de pedidos para elegir. Si alguna vez has negociado acciones antes, es probable que ya estés familiarizado con los tipos básicos de órdenes. Si no lo has hecho, asegúrate de familiarizarte con los tipos de órdenes más comunes antes de invertir. Elige un tipo de orden y calcula la cantidad de DOGE que deseas comprar en función de tus fondos disponibles y el precio de mercado actual.

Desde aquí, tu corredor se encargará de completar el pedido en tu nombre. Cuando veas tu DOGE en tu billetera de cambio, significa que tu pedido se ha completado. Si tu corredor no puede completar tu pedido de acuerdo con tus especificaciones, puedes cancelarlo al final del día de negociación.

Una billetera de criptomonedas te proporciona un conjunto de claves que puedes usar para almacenar tu DOGE fuera de un inter-cambio. Esto ayuda a mantener tu inversión más segura en caso de que tu intercambio sea objeto de un pirateo o robo.

Robinhood actualmente no ofrece a los usuarios acceso para enviar o recibir sus activos a otra billetera. Si deseas tener tu propia criptomoneda, usa una billetera que te permita controlar tu propia clave privada. Coinbase, eToro y Gemini brindan acceso para enviar y recibir desde sus respectivas billeteras de intercambio. Para mayor seguridad, usa una billetera que te permita administrar tu propia clave privada.

Hay 2 tipos principales de billeteras de criptomonedas: billeteras de software calientes y billeteras de almacenamiento de hardware frío. Las carteras de software son gratuitas, pero deben estar conec-tadas a Internet para poder acceder a sus inversiones. Las carteras de hardware almacenan sus monedas fuera de línea para una máxima seguridad, pero pueden costar hasta $50. Considera tus opciones de carteras de software y hardware favoritas al decidir cómo guardarás tus DOGE.

A continuación, te presentamos las mejores cripto exchanges para Dogecoin.

- Gemini: Nuevos inversores.
- eToro: Comercio de criptomonedas.
- Robinhood: Compra y venta de Dogecoin.
- Webull: Comerciantes e inversores intermedios.
- Voyager: Comerciantes móviles.
- Coinbase: Ganar recompensas.

Es indispensable que dispongas de la aplicación apropiada para este fin, donde puedas comprar tus Dogecoins con seguridad, confianza y tranquilidad. Una de las principales exchange que te puede brindar esta maravillosa oportunidad, para que incursiones en la comunidad DOGE, es Binance. Ahora bien, ¿Qué es Binance?

Binance es una de las plataformas Exchange más reconocidas y populares del mundo por la gran cantidad de monedas digitales que ofrece en la red, y sus muy bajas y características comisiones por transacciones realizadas, la cual brinda un servicio de compra y venta de diferentes cripto divisas, basada en los valores diariamente determinados por el mercado cripto.

La mente brillante tras esta exchange es Changpeng Zhao, un empresario chino-canadiense fundador de la compañía que en los actuales momentos se impone como la plataforma para intercambio de monedas virtuales más grande del planeta, amparada por el gran volumen transacciones realizadas por día.

Binance fue creada en China para el mes de julio del año 2017 con un financiamiento de 15 millones de dólares, los cuales fueron recaudados durante una oferta inicial de monedas (ICO). A pocos meses de su fundación, Binance se vio en la imperiosa necesidad de mudar sus oficinas al Japón, motivado a que el gobierno local prohibió toda comercialización de criptomonedas. Para el mes de marzo del año 2018, Binance ya estaba posicionada como la exchange con el mayor número de transacciones y operaciones mundiales, contando con oficinas en Japón como en Taiwán. Además de importantes alianzas de proyectos en Las Bermudas, Malta, Israel y parte de Europa.

Esta exchange tiene la dicha de presumir que para el año 2018 tuvo el mayor y más grande intercambio criptográfico de la historia con una capitalización bursátil del BNB de 1.3 mil millones de dólares. Razón por la cual Zhao, actual CEO de Binance, tuvo la oportunidad de ser calificado por los especialistas de la revista Forbes como la tercera persona más rica del mundo en criptomonedas.

Changpeng Zhao ve claro y está muy al corriente del futuro que tendrá el mundo cripto. Por eso su determinación es contundente. "Binance está listo para sobrevivir cualquier número de años, sin importar si es oso o toro (...) Nuestro objetivo es mucho más largo que otro año. Nuestro objetivo es 10, 50, 100 años. Así que estaremos aquí por un tiempo", dijo en una oportunidad.

Binance permite a sus usuarios operar y hacer trading (inversión en el mercado con el objetivo de obtener un beneficio) en tiempo real con más de 100 criptomonedas.

En nuestro punto, nos interesa cómo comprar Dogecoin. Pues bien, el primer paso que debes dar, es registrar y crear una cuenta personal en Binance, lo cual se puede hacer desde un ordenador o un dispositivo móvil, lo cual es completamente gratuito y se encuentra disponible en el mundo entero. Para el registro, solo es necesaria una dirección de correo electrónico y una contraseña.

Ya ubicados en la página principal, Binance nos va a mostrar en su parte superior derecha las opciones "Iniciar Sesión" y "Registro". Este botón (Registro), nos llevará a una que deberemos llenar con los datos allí solicitados.

Al completar nuestro registro, Binance procederá a enviar un correo electrónico a través del cual se deberá confirmar dicha solicitud de creación de una cuenta nueva. El enlace que llega en este mensaje dará por aprobado y verificado el registro de usuario nuevo y con él la posibilidad de comenzar a utilizar desde ya la exchange de Binance con total libertad.

Conviene tener presente que Binance se puede utilizar desde cualquier tipo de dispositivo o sistema operativo, además está disponible en 15 idiomas, entre los cuales figura español, inglés, francés, alemán, portugués e italiano.

Una vez dentro de nuestra propia cuenta de usuario Binance, estamos invitados a seleccionar una serie de recomendaciones que la misma plataforma nos ofrece para continuar con seguridad y luego dar respuesta si consideramos activar la autenticación de dos factores: Google Authenticator o SMS (mensaje de texto). Importante saber que este último paso no es obligatorio; queda a libre elección del usuario. Sin embargo, se recomienda hacerlo, dado que brinda más y mayor seguridad para dar uso seguro y óptimo a la plataforma Binance.

Conociendo Binance, sabiendo que es la exchange más popular y reconocida del mundo por el inmenso número de criptomonedas que opera y la cantidad de transacciones realizadas a diario; tienes a la mano el recurso más idóneo para comprar, entre otras monedas; tus Dogecoins con total resguardo, seguridad y garantía. Una plataforma con las más bajas comisiones, operativa prácticamente en todos los dispositivos y versiones, multilingüe y el más amplio espectro geográfico.

Aquí tus inversiones por diversión, curiosidad o seriedad están muy bien respaldadas, ya que gozan del prestigio y respaldo de una plataforma con total credibilidad y seriedad en la red y el criptoverso. Así que no te detengas y deja a un lado la posibilidad de entrar en dudas, confía en tus instintos, apóyate en grandes recursos y evita el FOMO.

¿QUÉ WALLETS SOPORTAN ESTA CRIPTOMONEDA?

. . .

NO SE RECOMIENDA ALMACENAR criptomonedas en un intercambio, ya que aumenta el riesgo de ser hackeado. Dado que los intercambios centralizados mantienen la custodia de tus fondos, son grandes objetivos para los piratas informáticos de criptomonedas. Si un pirata informático puede violar el intercambio, podría robar los fondos retenidos en la plataforma. Para mitigar este riesgo, debes usar una billetera de criptomonedas que te permita mantener la custodia de tu criptomoneda.

Ellipal Titan

Es una billetera multidivisa que admite DOGE, Bitcoin, Ethereum y más de 7.000 activos digitales adicionales. El Ellipal Titan cuenta con una gran pantalla táctil que facilita el seguimiento de sus existencias sin conectarse a Wi-Fi. Dado que la billetera no está conectada a Internet, es imposible que los piratas informáticos en línea roben sus activos. Para transferir tus monedas a tu billetera, puedes usar el QR del dispositivo para enviar criptomonedas en cuestión de segundos. Con una interfaz simple y optimizada y un proceso de configuración sencillo, Ellipal Titan es una opción ideal para los inversores en criptomonedas.

El Ellipal Titan generalmente tiene una prima sobre otras billeteras de criptomonedas, ya que tiene varias características premium que mejoran la experiencia del usuario.

Dogecoin Wallet

La divertida y amigable moneda de Internet también ofrece su propia opción de billetera simple e intuitiva tanto para computadoras de escritorio como para dispositivos móviles. Comenzar con Dogecoin Wallet toma aproximadamente 5 minutos. Simplemente haz clic en su sistema operativo, descarga y ejecuta la billetera y comienza a almacenar tu DOGE en línea de manera segura. También puedes descargar Dogecoin Wallet de forma gratuita en la tienda Google Play.

Después de ver tu DOGE en tu billetera de intercambio, ahora deberás decidir cómo deseas obtener un retorno de tu inversión. Hay 2 estrategias principales que puedes tomar:

Tenencia a largo plazo:

Inversores que creen que el precio de Dogecoin puede mantenerlo durante meses o incluso años a la vez. Si esta es su estrategia, transfiera su DOGE a su billetera lo antes posible para mantener sus inversiones más seguras.

Scalping a corto plazo:

LOS INVERSORES a corto plazo capitalizan los pequeños movimientos de precios comprando y vendiendo DOGE cuando les resulta ventajoso.

Si planeas convertirte en un inversionista a corto plazo, es importante tener acceso a una plataforma comercial confiable y de rápida ejecución.

Es importante estar al tanto del precio de las criptomonedas, ya que puede variar segundo a segundo. Algunos de los factores que pueden influir en el precio que pagarás por invertir en DOGE u otra criptomoneda pueden incluir:

● SUMINISTRO DE CORRIENTE: Hay un suministro de DOGE disponible que disminuye rápidamente, aunque se acuñan 10,000 DOGE con cada bloque, alrededor de 1 minuto.

● Noticias: Elon Musk fue anfitrión del TV Show SNL por primera vez y gran parte de la anticipación se centrará en su decisión de incluir a Dogecoin en una parodia.

● Condiciones financieras actuales: Los inversores tienden a acudir en masa a inversiones alternativas como la criptomoneda cuando el mercado general muestra una tendencia a la baja.

LAS MALAS CONDICIONES **económicas pueden elevar el precio de DOGE.**

Monitorear cómo se mueven los precios de otras criptomonedas puede ayudarte a decidir cuándo debes realizar tu pedido de compra. Explora las condiciones del mercado de criptomonedas utilizando nuestra tabla de referencia en vivo.

Ya sea que decidas invertir en Dogecoin, Bitcoin u otra criptomoneda importante, recuerda los riesgos que conlleva la compra de un activo volátil. El mercado de las criptomonedas aún no está regulado en gran medida y el precio de cualquier criptomoneda puede bajar de valor en cualquier momento. Nunca inviertas más dinero del que puedas permitirte perder y usa la criptomoneda como complemento de una cartera diversificada.

Antes de que puedas comenzar a vivir la experiencia y aventura en el mundo de las criptomonedas, es necesario abrir una billetera para Dogecoin. Al usar tu propia billetera, podrás almacenar y enviar Dogecoin a cualquier usuario en cualquier lugar del mundo. Es importante entender el propósito de poseer una billetera para Dogecoin y el objetivo que esta tiene. Existen diferentes tipos de billeteras para Dogecoin, totalmente recomendadas para así poder comprar y/o vender tus DOGEs con toda libertad.

Una billetera Dogecoin puede ser tanto física como digital, mantiene tus claves públicas y privadas y se conecta con el libro mayor o Blockchain. La clave pública de tu wallet, que también sirve como tu dirección de wallet, es como el número de tu cuenta bancaria de Dogecoin, donde cualquiera puede rastrear las transacciones realizadas, pero nadie podrá saber a quién pertenecen o que son tuyas. Puedes acceder al saldo de tu clave pública a través de la clave privada de tu billetera, que se utiliza para aprobar transacciones en el libro mayor o cadena de bloques, Blockchain.

Existe una diversidad de wallets para Dogecoin disponibles, entre las cuales puedes elegir la de tu preferencia. Las opciones difieren desde wallets online accesibles a través de la web hasta wallets de hardware que son un poco más costosas.

Existen algo más de 70 wallets que soportan a Dogecoin, lo cual te puede dar una idea de cómo esta broma se ha ido tomando muy en serio dentro de la red. A través de la web tienes la oportunidad de visualizar, comparar y calificar las wallets de tu preferencia e ir descartando hasta seleccionar aquella de tu preferencia y que cubra todas tus expectativas y necesidades. Tendrás la facilidad de hacer un comparativo entre tipos de carteras, criptomonedas admitidas y precio, utilizando para una tabla de semejanzas y diferencias.

¿QUÉ BUSCAR **en una billetera Dogecoin?**

CUANDO BUSQUES la mejor billetera para Dogecoin que verdaderamente satisfaga tus necesidades, recuerda estar atento a las siguientes características:

Soporte DOGE

Antes de analizar las características de una billetera, verifique bien aquello que llamamos "las letras pequeñas" y así poderse asegurar de que la wallet elegida sea realmente compatible con DOGE.

FACILIDAD DE USO

SI ERES nuevo en las monedas digitales o simplemente no manejas la tecnología con gran habilidad, busca una billetera amigable, diseñada para quienes se inician en criptomonedas. Una interfaz de usuario simple puede hacer que administrar tus monedas sea mucho más fácil y menos estresante.

SEGURIDAD

¿Qué características de seguridad ofrece la billetera? Por ejemplo, ¿ofrece almacenamiento en frío o en caliente? ¿Incluye autenticación de 2 factores y / o funcionalidad multi-sig? ¿Te has informado alguna vez de violaciones de seguridad en los medios de comunicación?

Copia de seguridad y restaurar

¿Es fácil hacer una copia de seguridad de la billetera y luego restaurarla si es necesario, asegurándose de no perder ninguna moneda si algo sale mal?

Desarrollo en curso

Investiga el equipo de desarrollo detrás de la billetera para saber si están trabajando constantemente en actualizaciones y mejoras de las características y funcionalidad de la billetera.

Atención al cliente

Si alguna vez se te presenta algún problema con tu billetera o con una transacción en particular, ¿cómo podrías comunicarte con el servicio de atención al cliente? Consulta las opciones de contacto disponibles e investiga si el proveedor de la billetera tiene una buena reputación por responder rápidamente las llamadas de ayuda.

Reseñas positivas

No confíes simplemente en los comentarios de marketing de un proveedor de billetera; Consulta las reseñas independientes en línea de otros usuarios para conocer sus opiniones sobre los pros y los contras de una billetera, y la recomendarían de nuevos usuarios.

El mundo de las criptomonedas es realmente interesante. Desde el inicio de Bitcoin, han aparecido varios proyectos peculiares, aquí y allá. Uno de los proyectos más singulares es Dogecoin: si eres un entusiasta de DOGE, te alegrará saber que, en esta lista, buscaremos la mejor billetera Dogecoin del año.

Siendo tan único como es, esperaría que Dogecoin tenga algunas. Bueno, opciones de almacenamiento menos que comunes. Sin embargo, la verdad es todo lo contrario: DOGE es una criptomoneda muy querida y, por lo tanto, algunas de las mejores billeteras criptográficas del mercado ofrecen soporte para esta moneda digital.

Antes de entrar en las contrariedades de las mejores carteras de Dogecoin, es una buena idea tener un repaso rápido de lo que realmente es DOGE y de lo que atrae a la gente del proyecto.

Ahora, a decir verdad, Dogecoin es único, sin usar la palabra a la ligera. Si bien la mayoría de los otros proyectos de criptomonedas tienen algunos objetivos específicos de alto nivel que pretenden lograr o algunos problemas específicos que pretenden resolver, DOGE es diferente. Muy diferente, de hecho.

Dogecoin fue creado como una criptomoneda de broma. De ahí su nombre, de ahí la reputación que hay detrás. No hay causas nobles en las que la comunidad detrás de DOGE esté interesada; a falta de un término mejor, es una "criptomoneda troll".

Sin embargo, siendo ese el caso, ¿por qué tanta gente busca carteras Dogecoin y formas de comprar DOGE?

Mientras que la criptomoneda es una broma, literalmente hablando, aquí hay una dicotomía bastante interesante. La comunidad Dogecoin es uno de los grupos criptográficos más activos y comunicativos con los que te podrás encontrar. Esto la hace una comunidad muy particular.

Además de eso, estar activos tampoco es solo un truco. Los entusiastas de DOGE participan en eventos de recaudación de fondos, proyectos comunitarios y varios actos benéficos. Es un fenómeno muy único en el mundo de las criptografías.

Sin embargo, ten en cuenta que, dado que DOGE es un proyecto criptográfico tan peculiar, viene con algunas advertencias. La moneda es amada por los pump-and-dumpers: personas a las que les encanta manipular el mercado, inflar artificialmente el precio de una criptomoneda específica y luego tirar todas sus monedas, lo que hace que su precio se derrumbe exponencialmente.

Asegúrate de no ser presa de jugadores tan deshonestos. Su mejor opción es establecer un objetivo específico de por qué desea invertir en Dogecoin y luego utilizar los servicios de las mejores carteras de Dogecoin que existen. No permitas que terceros influyan en sus opiniones: investiga y sé diligente.

Entonces, hemos establecido qué es Dogecoin y para qué se utiliza principalmente la criptomoneda detrás de ella. Naturalmente, sin embargo, cualquiera que quiera comprar algo de DOGE necesi-

tará una billetera confiable para guardar sus monedas. Eso es exactamente lo que estamos por reseñar: Comencemos por echar un vistazo
a los diferentes tipos de billeteras Dogecoin que están disponibles.

Tipos de wallets Dogecoin

Al igual que muchas otras criptomonedas en el mercado, Dogecoin se puede almacenar en una amplia selección de billeteras diferentes; ya lo hemos establecido. Sin embargo, como probablemente
pueda adivinar, no todas las billeteras se crean de la misma manera:
algunas serán mejores que otras, ya sea desde el punto de vista de la
seguridad o simplemente por las preferencias personales del usuario.

En general, debe saber que hay dos grandes tipos de billeteras
disponibles para acceder y utilizar: las frías y las calientes. Explo-
remos lo que significan estos términos, específicamente, para que
cuando lleguemos a enumerar las mejores carteras de Dogecoin
reales, sepas de qué estamos hablando.

BILLETERAS CALIENTES (HOT **Wallets) Convenientes y accesibles**

UNA "BILLETERA CALIENTE" es un tipo de billetera de criptomonedas que mantiene una conexión constante a Internet. La definición en sí es bastante amplia, al igual que la categoría: una billetera
caliente podría ser una aplicación móvil, una extensión de navegador,
un software descargable o cualquier cosa intermedia.

La gran mayoría de los entusiastas de la criptografía con los que
seguramente se comunicará probablemente le dirán que están usando
una billetera caliente para sus necesidades de almacenamiento de
criptomonedas, incluido DOGE. Eso se debe a la amplia gama de
estas carteras disponibles; como verás en solo un minuto, el almacenamiento en frío tiene una selección de opciones mucho menos variada.

Ahora bien, ¿qué hace que las carteras calientes sean tan
populares?

Bueno, no importa si estás buscando la mejor billetera para Doge-coin o cualquier otra criptomoneda, probablemente lo primero que notarás son los factores de accesibilidad y conveniencia de estas billeteras. Francamente, las carteras calientes están disponibles para todos.

Lo que te queremos decir con eso es que las carteras calientes suelen ser de uso completamente gratuito y se pueden configurar en cuestión de minutos. Ya sea una billetera basada en intercambio o una de software, generalmente van acompañadas de instrucciones claras y concisas, y son súper simples de comenzar a usar.

En cuanto a la conveniencia, si eliges una billetera caliente como sus opciones para la mejor billetera Dogecoin del año, puedes estar seguro de que podrás acceder a sus fondos, verificar sus saldos y hacer 'enviar' y 'recibir' pedidos con solo presionar un botón. Esto es especialmente cierto con las carteras móviles de Dogecoin, ya que tenemos nuestros teléfonos con nosotros dondequiera que vayamos, así siempre tendrás tu DOGE a la mano.

Sin embargo, las billeteras calientes vienen con una compensación. En resumen, nunca serán tan seguros como el almacenamiento en frío de criptomonedas; así es simplemente. Todo se reduce a todo el asunto de "conectarse a Internet": con una conexión web constante, los piratas informáticos tienen muchas oportunidades de violar la seguridad de una billetera activa y robar sus fondos en el proceso.

Naturalmente, esto no es una ocurrencia tan común hoy en día, pero aún sucede. Dicho esto, sin embargo, aquí es exactamente donde entran las billeteras frías.

Cold Wallets (Carteras frías) Seguridad y fiabilidad

Las billeteras frías son esas opciones de almacenamiento criptográfico que no tienen una conexión constante a Internet; después de la definición de billetera caliente, probablemente haya visto venir esta.

Sin embargo, es cierto: el único momento en que conectaría su billetera fría a la web es cuando deseas transferir tus fondos o comprar más criptomonedas.

Ahora, cuando busques la mejor billetera Dogecoin, definitivamente puedes esperar que aparezcan billeteras frías con bastante frecuencia. Ese es también el caso de la mayoría de las otras criptomonedas: no importa cuál sea la moneda, si una billetera fría la admite, se le recomendará.

Las billeteras frías ofrecen a los usuarios característicos de seguridad sin precedentes. Ya sea que se trate de un dispositivo de hardware, una billetera de papel o cualquier otra cosa, las billeteras frías seguramente te brindarán el "mejor rendimiento por tu inversión".

Una de las principales cosas que disuaden a las personas de utilizar billeteras frías es el precio que tienen estos dispositivos. No es algo de lo que debas preocuparte en lo que respecta a las billeteras de papel, pero al mismo tiempo, estas son las opciones de almacenamiento en frío más específicas, por lo que no son demasiado relevantes para especificarlas en este interesante artículo.

Aparte de la etiqueta de precio, la única otra razón por la que algunas personas podrían preferir una billetera Dogecoin en línea sobre una fría se debe a la empinada curva de aprendizaje que viene con algunos dispositivos de hardware. Si DOGE es la primera criptomoneda que posees, puede ser difícil descubrir algunas de las complejidades de ciertas carteras de hardware. Definitivamente no todos.

Dicho esto, en este punto, ahora deberíamos estar un tanto más claro y entendidos sobre las billeteras frías y calientes, Cold-Hot Wallets y las principales diferencias entre ellas. Las que a continuación te exponemos como las principales que soportan a nuestra divertida moneda Dogecoin.

CONOCE **las diez (10) wallets principales para guardar Dogecoin**

LEDGER NANO X

. . .

EL LEDGER NANO X es una de las wallets frías más populares del mercado. De hecho, se podría llegar a argumentar que es la billetera fría más popular; esto es cierto tanto en lo que respecta a Dogecoin como a otras criptomonedas. Hay bastantes aspectos que también se atribuyen a esto.

Para empezar, si está buscando la mejor billetera Dogecoin, probablemente esté preocupado por la seguridad de sus monedas DOGE, si ese es el caso, entonces Ledgar Nano X es una elección perfecta, ya que ofrece niveles de seguridad sin precedentes.

Mientras configura su Nano X, se le pedirá que cree un código PIN que deberá ingresar cada vez que desee acceder a sus activos digitales. Esto va acompañado de una semilla de recuperación de 24 palabras: si olvida su PIN en algún momento, aún podrá recuperar sus Dogecoins con esta semilla.

Trezor Model T

Es una de las principales marcas de billetera fría en el mundo de las criptomonedas. Los productos de la compañía se pueden encontrar constantemente en listas de las mejores carteras de criptomonedas; naturalmente, también se pueden considerar entre las mejores carteras de Dogecoin.

Esto es especialmente cierto con el Trezor Model T, el último y mejor de Trezor. La billetera presenta algunos aspectos distintos que cualquier amante de DOGE seguramente apreciará.

Para empezar, el Trezor Model T es sin duda una de las carteras de criptomonedas más seguras que se puede comprar con dinero. Está equipado con todas las características de seguridad de primer nivel y utiliza algunas defensas virtualmente irrompibles. Funciones de respaldo, solicitudes de actualización de firmware, códigos PIN, lo que sea.

Trezor One

. . .

TREZOR ONE ES la versión anterior de una de las carteras de hardware líderes en la industria de la criptografía: el Trezor Modelo T. Como probablemente haya notado, ambos modelos también se han abierto camino en nuestra lista de las mejores wallets de Dogecoin.

Ahora bien, el hecho de que Trezor One sea la billetera más antigua y haya una versión nueva y mejorada disponible no significa que sea obsoleta. Por el contrario, el modelo Trezor One todavía tiene un grupo muy específico de entusiastas de la criptografía al que atiende a las mil maravillas.

Para empezar, de la manera más auténtica de Trezor, puede esperar que esta opción de la mejor billetera para Dogecoin sea muy segura. Tiene una funcionalidad avanzada de código PIN que, además de una conexión USB limitada, evita que sus monedas DOGE sean robadas por un keylogger o algún otro malware que pueda estar presente en su computadora.

BINANCE

SI ESTÁ FAMILIARIZADO con el mundo de las criptomonedas, probablemente haya oído hablar de Binance. Es una de las plataformas de intercambio de criptomonedas más populares que existen en todo el mundo.

Sí, lo has leído bien: Un intercambio de cifrado. Sin embargo, es un intercambio que también puede actuar como una billetera Dogecoin en línea. Y uno bastante bueno, además.

Binance es, sin duda, una billetera caliente, en lo que respecta al almacenamiento DOGE. Mantendría sus monedas en su cuenta de Binance, que simplemente actúa como una billetera.

Muchos usuarios y también usuarios de DOGE le dirán que el almacenamiento de Dogecoin como este debe ser temporal, que siempre debe optar por comprar una billetera de criptomonedas de hardware y transferir sus fondos a ella lo antes posible. Bueno, eso es completamente correcto; sin embargo, almacenar sus DOGE en Binance tiene algunos beneficios notables.

Estos beneficios quedarán claros de inmediato para aquellos titulares de DOGE que planean intercambiar activamente sus monedas, con la esperanza de obtener ganancias mientras lo hacen. Si usted mismo es un comerciante (o se esfuerza por convertirse en uno), Binance podría ser la mejor billetera Dogecoin para usted.

Ledger Nano S (Billetera de hardware)

Almacenamiento de múltiples criptomonedas, buenas características de seguridad, simple y fácil de usar

Para el almacenamiento seguro de criptomonedas, la mayoría de los usuarios recomiendan el almacenamiento fuera de línea. Una opción de almacenamiento fuera de línea que vale la pena considerar es Ledger Nano S, una popular billetera de hardware que cuenta con una serie de características de seguridad.

Este pequeño dispositivo USB almacena sus claves privadas en un elemento seguro protegido por un PIN, y también cuenta con una función de copia de seguridad y restauración fácil junto con soporte para autenticación de 2 factores. Hay una pantalla OLED incorporada que, junto con los botones del dispositivo que deben presionarse físicamente, se pueden usar para verificar las transacciones manualmente.

El proceso de configuración del Nano S es rápido y fácil, y el dispositivo admite más de 20 criptomonedas, incluidas entre ellas Dogecoin, Bitcoin, Ethereum, Dash y Litecoin.

El principal inconveniente de este pequeño y práctico dispositivo es el costo. Como cualquier billetera de hardware, tiene un precio.

KeepKey (Billetera de hardware)

Seguridad, puede almacenar múltiples criptomonedas. KeepKey es otro jugador líder en el sector de carteras de hardware. Lanzada en

2015, esta billetera de almacenamiento en frío admite varias cripto-monedas, así como Dogecoin, incluidas Bitcoin, Ethereum y Dash, y pone un gran énfasis en la seguridad.

Como es una billetera determinista jerárquica (HD), KeepKey le permite generar y almacenar un número ilimitado de claves privadas. El dispositivo está protegido con PIN y cuenta con una gran pantalla para rastrear transacciones.

Todas las transacciones deben confirmarse manualmente con un botón en el dispositivo. Puede intercambiar activos directamente en su KeepKey usando ShapeShift, y su billetera funciona en sistemas operativos PC, Mac, Linux y Android.

Sin embargo, deberá desembolsar más por KeepKey que por otras carteras, lo que significa que puede que no sea una opción ideal para algunos titulares de DOGE.

Jaxx (Billetera móvil y de escritorio)

Almacenamiento de múltiples monedas y tokens, accesible en una amplia gama de dispositivos, interfaz de usuario simple. Una billetera de múltiples monedas a la que se puede acceder en múltiples dispositivos, Jaxx es otra opción popular para cualquiera que busque almacenar Dogecoin.

Lanzada en 2014 y luego rebautizada como Jaxx Liberty, esta billetera es compatible con Dogecoin, Bitcoin, Ethereum, Litecoin, Dash, Zcash y docenas de otras monedas y tokens, por lo que vale la pena considerarlo si está buscando almacenar una amplia gama de criptomonedas.

También vale la pena echarle un vistazo si deseas la comodidad del acceso multiplataforma. Puedes usar Jaxx en tu escritorio (sistemas operativos Windows, Mac y Linux), dispositivos móviles (dispositivos Android e iOS) y a través de una extensión del navegador Chrome.

Jaxx te permite mantener el control de tus claves privadas, y los nuevos usuarios no tendrán problemas para administrar sus monedas y tokens a través de Jaxx. La funcionalidad ShapeShift incorporada es otra característica conveniente.

La principal desventaja de Jaxx es que no es inmune a los problemas de seguridad. La noticia de junio de 2017 de un robo de criptomonedas de $400,000 debido a una "vulnerabilidad" de billetera Jaxx refuerza la importancia de maximizar la seguridad al administrar sus monedas de criptomonedas.

Kraken

KRAKEN ES, principalmente, una plataforma de intercambio de criptomonedas. Lo que esto significa es que puede intercambiar e intercambiar varios criptos en el sitio; DOGE no es una excepción. Sin embargo, Kraken puede actuar perfectamente como una billetera Dogecoin en línea, además de ser un intercambio.

La forma en que esto funciona es bastante simple. Tiene dos grandes opciones: una cuando ya posee algunas Dogecoins y otra en la que aún no tiene ninguna DOGE, pero ha decidido que desea invertir en ella.

Si ya tiene algunos Dogecoins a su disposición, dependiendo de dónde se encuentren, puede transferirlas fácilmente a su cuenta de Kraken, suponiendo que hayas creado una. Al igual que cualquier otro intercambio de criptomonedas de alta gama, simplemente navegará a la parte de la billetera (almacenamiento) de tu cuenta y generará una billetera DOGE desde allí.

Sin embargo, si aún no posees ningún Dogecoins y está buscando la mejor billetera Dogecoin para comenzar tu viaje criptográfico con el pie derecho, el proceso será aún más simple. Francamente, todo lo que necesitas hacer es registrarse en Kraken y luego comprar algunas Dogecoins; se ingresarán automáticamente en tu cuenta de Kraken, y puede continuar desde allí.

Ahora, hemos establecido que Kraken es fácil de usar y que puede almacenar sus Dogecoins en la plataforma. Sin embargo, todavía tenemos que discutir la cuestión de por qué querría hacerlo, en primer lugar.

Kraken tiene que ver con una única característica: la seguridad. Se puede nombrar fácilmente como uno de los sitios de intercambio de criptomonedas más seguros del mercado. Ya sean certificados SSL y confirmaciones de inicio de sesión, o 2FA y servicios de almacenamiento en frío, puedes estar seguro de que Kraken protegerá tus criptomonedas con bastante firmeza.

Esa última parte también es crucial. Kraken almacena hasta el 95% de los fondos de sus usuarios en dispositivos de almacenamiento en frío; piensa en Ledger o Trezor, pero a un nivel corporativo importante. Esto es absolutamente fantástico, ya que significa que ningún hacker podrá acceder a tus Dogecoins.

Si estás interesado en lo que Kraken tiene para ofrecerte, ha llamado tu atención y crees que esta plataforma de intercambio de criptomonedas en particular podría ser la mejor billetera Dogecoin para ti, asegúrate de consultar más detalladamente sobre ella.

Coinomi (Billetera móvil)

Almacenamiento de múltiples criptomonedas, fácil de usar, billetera HD, intercambio ShapeShift incorporado. Las funciones pueden ser excesivas si solo desea una billetera básica

Coinomi es una billetera móvil fácil de usar que proporciona una serie de funciones útiles para los compradores de DOGE. Con un enfoque en la administración de criptomonedas rápida y fácil, esta popular aplicación admite más de 1.000 criptomonedas, incluidas Dogecoin, Bitcoin, Ethereum, Dash y Zcash.

Coinomi, una billetera HD, se configura rápidamente y te permite almacenar tus claves privadas en tu dispositivo. Puedes comenzar a enviar y recibir pagos en solo unos simples pasos, y hay un intercambio ShapeShift incorporado para una funcionalidad adicional.

Tampoco tiene que pasar por ninguna burocracia de Conozca A Su Cliente (KYC) para administrar tus fondos, que es una característica importante para cualquiera que valore su anonimato.

Monedero Dogecoin (Escritorio y móvil)

Una billetera DOGE "oficial". Si bien aún puede encontrar y descargar la billetera Dogecoin "oficial", no es la opción más inteligente. Ya no se apoya ni se trabaja activamente, y muchas personas han informado que han perdido fondos tras la utilización de esta wallet.

Como has podido ver, solo mencionamos y ofrecemos un breve detalle de 5 wallets de las múltiples existentes y de las 70 que soportan a Dogecoin. Está en el usuario elegir y quedarse con aquella que cubra sus expectativas y fundamentalmente las necesidades operativas, dando seguridad y protección a sus fondos.

Aunque sean invertidos por diversión, merecen resguardo, cuidado y atención; una manera de ganar prestigio y confianza, plasmando en el mercado la relevancia que una wallet pueda adquirir, mediante la realización de trabajo, asesoría y atención óptima y adecuadas; ajustadas a cada interés, aunque global; particular.

Beneficios e importancia de poseer una wallet para Dogecoin y tus demás criptomonedas

Una billetera de criptomonedas permite a los usuarios enviar y recibir criptomonedas y tener un saldo de las mismas. Este tipo de billetera es necesaria para realizar transacciones de estas monedas en línea, ya que pueden tener lugar en la tecnología Blockchain, lo que mejora la seguridad. La gestión de múltiples criptomonedas también es una posibilidad con una gran cantidad de carteras disponibles.

Las billeteras personalizadas brindan más alcance control y flexibilidad para manejar criptomonedas. Se sugiere que elijas una aplicación personalizada, proporcionada por un socio confiable como por ejemplo Inn4science, ya que tiene un mejor desarrollo de billetera de criptomonedas que le permite personalizar sus características.

Una solución a largo plazo

La tecnología no se desarrolla de la noche a la mañana. Se necesitan innovaciones en innovaciones para crecer a través de varias etapas de desarrollo. Las criptomonedas no están disponibles para que todos las usen a partir de ahora, pero ha extendido su alcance en la mayoría de las partes y se espera que crezca ampliamente en los próximos años. Se están experimentando diferentes métodos de transmisión.

Con la confianza de varias grandes empresas y la aceptación como método de pago, las carteras de criptomonedas son cada vez más fiables. Las carteras de criptomonedas pueden ser una solución a largo plazo tanto para la inversión como para el gasto, lo que permite que las transacciones globales se realicen más fácilmente a largo plazo.

Sin problemas de conversión

Si bien el cambio podría realizarse en diferentes monedas, solo tiene derecho a usar el valor convertido de esa moneda en su país. A diferencia de esto, a través de la criptomoneda, puede evitar la molestia de tener que recibir y convertir en diferentes etapas. Esto le paga de acuerdo con una escala de pago estándar en lugar de los muchos cálculos mentales.

No hay demora en recibir los pagos que se le adeudan o enviar los que adeuda, en lugar de la conversión necesaria. Tampoco hay tarifas que pagar, lo que mantiene el monto original tal como está y hace que sea más fácil y económico realizar estos intercambios e intercambios. Ahorra dinero, tiempo y cálculos, lo que abre el camino para que su enfoque esté disponible para ser atendido en otro lugar.

Facilidad y conveniencia

Dado que puede decidir qué funciona como un atajo y cuál no es una función del todo, es muy conveniente y fácil para usted usar una billetera personalizada. Varias criptomonedas también se pueden administrar muy fácilmente porque puede priorizar las funciones que desee. Tú decides qué tan importante es generar declaraciones y qué colores hacen que los gráficos se destaquen.

Esta personalización también le permite elegir la interfaz gráfica a la que desea que accedan los usuarios. Es fundamental para decidir qué tan fácil de usar y audaz es la aplicación. Aumenta la interacción del usuario en la plataforma al mismo tiempo que aumenta su satisfacción y es un impulso para que se unan más personas. También le ayuda a enfocar su capacidad de atención y realizar modificaciones adecuadas.

Seguridad y garantía

Mucha gente se siente insegura al usar criptomonedas incluso hoy en día debido a lo poco que realmente saben sobre los protocolos. Para estar seguros de los esfuerzos que se realizan para hacerlos para su protección, deben ser dependientes y confiar en el proveedor. A su vez, es responsabilidad de la aplicación o sitio web que ofrece la billetera desglosarlo por ellos.

Además de no estar al tanto, las personas también tienen miedo de ser hackeadas por aquellos que son conscientes. Esta es una razón válida para tener miedo al fraude, ya que la historia muestra que el descuido de las personas las lleva a cometerlo. El envío de comprobaciones, advertencias legales y recibos puede ayudarlos a estar al tanto de todas las transacciones legítimas en todo momento.

Confiable y robusto

Con una infraestructura confiable, las carteras de criptomonedas basadas en Blockchain ayudan a las personas a realizar transacciones fáciles. Tienen la misma interfaz en todas partes y están sincronizados con los datos que luego se replican de la misma manera en toda el área de acceso. Esta fiabilidad y uniformidad funcionan mejor cuando se conoce el resultado exacto, es decir, con carteras personalizadas.

Las posibilidades de que las transacciones colapsen con la tecnología Blockchain son extremadamente raras. Esto aumenta la autenticidad. Además, una billetera personalizada ayuda a prevenir el fraude y las posibilidades de hackeo con una mayor protección debido a la transparencia y la necesidad de un algoritmo. Esto la hace resistente y su uso se vuelve más confiable.

Las wallets de criptomonedas son como las carteras normales que usamos a menudo en la vida real, pero la única diferencia es que solo pueden almacenar monedas virtuales. Hoy en día, todos quieren lanzar su propia moneda criptográfica con su propia marca, por lo que, obviamente, la necesidad de una billetera criptográfica estará bajo demanda ahora y también en el futuro.

Una wallet criptográfica es como su propio banco.

Cualquiera que sea el negocio, la funcionalidad principal de las wallets criptográficas nunca cambiará. Cada aplicación de Blockchain requerirá una billetera para almacenar sus activos digitales, principalmente las plataformas de intercambio o negociación.

La importancia de Cripto Wallet en las plataformas Exchange

En general, las plataformas de intercambio de criptomonedas se utilizan para intercambiar criptomonedas. Entonces, obviamente, un sitio web de intercambio debe requerir un almacenamiento seguro donde los comerciantes puedan almacenar, comprar, vender y realizar transacciones con sus criptomonedas. Sin una integración de billetera, es imposible ejecutar una plataforma de intercambio exitosa.

Entonces, para iniciar un negocio basado en el intercambio de criptomonedas, su primer requisito será una wallet criptográfica segura.

El propósito principal que tiene la creación de monedas descentralizadas o criptomonedas es dar a las masas el poder de controlar y administrar su propio dinero. Entonces te podrías preguntar: "y, ¿no tengo el control total de mi dinero?". Dado que el dinero que depositamos en los bancos generalmente se usa para prestarlo a otros, técnicamente no tenemos control total sobre nuestro "propio" dinero.

Lo que poseemos es simplemente un pagaré o una promesa del banco de pagarnos nuestro dinero. Puede parecer un absurdo, pero nuestro sistema monetario actual goza de muchos defectos fundamentales que a la mayoría de nosotros se nos escapan.

Las criptomonedas ofrecen el poder de tener un control absoluto y total sobre nuestro dinero.

Y dado que las criptomonedas han aumentado su valor, es vital tener una wallet propia de criptomonedas para así almacenar y administrar nuestras monedas.

· · ·

¿QUÉ ES UNA BILLETERA CRIPTOGRÁFICA?

DEFINICIÓN SIMPLIFICADA:

Es un programa de software que almacena monedas digitales.

Definición técnica:

Es un programa de software que almacena sus claves públicas y privadas, las cuales vienen en pares, lo que te permite enviar y recibir monedas a través de la cadena de bloques (Blockchain), así como monitorear tu saldo.

¿CÓMO FUNCIONA?

En primer lugar, las billeteras digitales son bastante diferentes en comparación con su billetera física. En lugar de almacenar dinero, las carteras digitales almacenan claves públicas y privadas.

Las claves privadas son como su número PIN para acceder a su cuenta bancaria, mientras que las claves públicas son similares a su número de cuenta bancaria. Cuando envías dinero electrónico, estás enviando Valor en forma de transacción, transfiriendo la propiedad de tu moneda al destinatario.

Para que el destinatario pueda gastar este dinero recién transferido, sus claves privadas deben coincidir con la dirección pública del destinatario.

La propiedad de tus claves privadas le da un control total sobre los fondos asociados con tus claves públicas correspondientes. Por eso es vital asegurarse de mantener tus claves privadas ocultas en secreto para que solo tú conozcas tus claves privadas de acceso.

Si cualquier otra persona se apodera de tus claves privadas, tendrá control sobre tus monedas. También es igualmente importante tener una copia de seguridad de tus claves privadas, para protegerte de pérdidas accidentales. También podrías perder tus fondos si no puedes recuperar tus claves privadas perdidas.

Todo un conjunto de elementos nutridos de vital importancia a tener en cuenta para quienes como tú y como yo, nos iniciamos en el mundo de las criptomonedas y el manejo seguro con fiabilidad de nuestros fondos y dinero electrónico.

Finalmente, y sobre las wallets; es cierto que, como probablemente puedes darte cuenta por ti mismo, la lista ofrece poca variedad: las billeteras frías lo dominan, con el almacenamiento DOGE basado en intercambio en segundo lugar. Sin embargo, esto tiene sentido por un par de razones.

En primer lugar, Dogecoin es bastante popular; y justamente debido a su popularidad, muchas billeteras frías admiten la moneda sin ningún problema. Concedido que el almacenamiento criptográfico de hardware siempre será "el camino a seguir" en lo que respecta a la seguridad, no es de extrañar entonces que la presencia de billetera fría sea tan dominante en nuestra lista de las 10 wallets que soportan Dogecoin.

Dicho esto, sin embargo, también hay que considerar el aspecto de la conveniencia. Puede que no todo el mundo sea un inversor DOGE a largo plazo que esté dispuesto a acumular monedas durante los próximos años. Algunas personas pueden preferir tomar la ruta comercial activa; en una situación como esta, utilizar los servicios de una billetera fría puede ser un poco engorroso y llevar mucho tiempo.

Aquí, las carteras calientes son preferibles. Esto es especialmente cierto con las carteras Dogecoin basadas en el intercambio: le permiten mantener sus monedas en un entorno seguro, suponiendo que esté utilizando los servicios de un intercambio de cifrado de primer nivel, es decir; y también intercambiarlas en cualquier lugar.

Es importante saber discernir y elegir conforme a nuestras más honestas necesidades y requerimientos verdaderos, dar utilidad óptima a un recurso práctico, funcional y amigable que cumpla con los propósitos, garantizando el manejo de nuestros de manera segura, tranquila y confiable.

CUATRO

LA MINERIA DE DOGECOIN Y PORQUE DEBERÍAS PRESTARLE ATENCIÓN

Con miles de criptomonedas para elegir, el mundo de las monedas digitales puede ser bastante abrumador.

Para algunos, se puede optar por involucrarse con las criptomonedas a través de la minería Dogecoin. ¿Por qué? Tal vez sea esa tierna y esponjosa cara de Shiba Inu que ves en todas partes. O es posible que hayas escuchado que Dogecoin, sorprendentemente, considerando que fue creado como una broma, generalmente ha mantenido su valor a lo largo del tiempo.

Al igual que Bitcoin, Dogecoin ha visto el auge de los ASIC, o circuitos integrados específicos de la aplicación, que es una forma elegante de decir dispositivos construidos específicamente para la

minería. Aunque el algoritmo de minería de DOGE, Scrypt, fue diseñado originalmente para ser resistente a ASIC, los fabricantes de
ASIC finalmente encontraron una forma de evitarlo.

La introducción de los ASIC, que son mucho más poderosos que
los equipos informáticos domésticos, al menos para fines de minería,
ha hecho que la minería de DOGE sea mucho más difícil para el
individuo promedio, ya que aquellos que usan CPU (unidades de
procesamiento informático) y GPU (unidades de procesamiento de
gráficos) ahora tienen que competir con los mineros de ASIC.

Además del aumento de los ASIC, la introducción de la minería
fusionada, la posibilidad de extraer DOGE y otras criptomonedas,
también ha dificultado la minería de Dogecoin. Antes de la adición
del soporte de minería fusionada, algunos miembros de la comunidad
DOGE estaban preocupados de que un pequeño puñado de grupos
poderosos dominara la minería de Dogecoin.

Esto significaba que esos pocos poderosos podrían lanzar un
ataque del 51%. En otras palabras, al utilizar la mayoría (51%) del
hashrate o el poder de minería de la red, estos poderosos grupos
mineros podrían cambiar Dogecoin y su Blockchain, o registro de
transacciones, por completo.

Para contrarrestar esto, los desarrolladores de Dogecoin introdu-
jeron AuXPoW (Auxiliar-Proof-Of-Work), o Prueba de trabajo auxi-
liar. AuXPoW (Auxiliar-Proof-Of-Work) permite a los mineros de
otras criptomonedas también extraer DOGE (minería fusionada). Si
bien esto tuvo un efecto en la distribución más amplia del hashrate de
DOGE, también hizo que la dificultad de minería de Dogecoin se
disparara, lo que dificultó la minería.

Por último, debido a las disminuciones programadas regular-
mente en la recompensa del bloque DOGE, cuantas Dogecoins se
crean con cada nuevo bloque de la cadena de bloques, hay menos
DOGE para los mineros. Esto puede crear una presión a la baja sobre
la rentabilidad de los mineros, a menos que el precio de 1 DOGE
pueda compensar las recompensas de bloque más bajas.

Debido a todos estos cambios en el ecosistema de minería de

Dogecoin a lo largo de los años, intentar minar Dogecoin por tu cuenta con solo una CPU o GPU probablemente no valga la pena en términos de ganancias. Sin embargo, es posible que aún puedas minar de manera algo eficiente si se une a un grupo de minería, pero probablemente solo con la minería ASIC, que es más costosa.

Los pools de minería son grupos de mineros que se unen para combinar su hashrate o poder minero. Al "agruparse", los grupos de minería tienen un hashrate general más alto, lo que significa que tienen una mayor probabilidad de ganar recompensas en bloque. Las ganancias se dividen proporcionalmente entre los miembros del grupo y, si bien los pagos pueden ser menores para cada miembro individual, generalmente son más consistentes que los de los mineros en solitario.

Los mineros en solitario, como su nombre lo indica, son solitarios por sí mismos. Los mineros en solitario se quedan con las recompensas mineras que obtienen. Sin embargo, a menos que el minero en solitario tenga mucho poder de hash, sus posibilidades de ganar recompensas en bloque son pequeñas. Por lo tanto, sus pagos no se realizan con tanta frecuencia o en absoluto.

Como mencionamos, no vale la pena minar DOGE en solitario con solo una CPU o GPU. La excepción sería si está minando con ASIC (s). Pero incluso entonces es mejor unirse a un grupo a menos que sea una especie de capo de ASIC de minería de DOGE con un montón de ASIC.

La minería es la forma en que una red de criptomonedas de prueba de trabajo permite que entren en circulación nuevas monedas. Para que funcione, varias computadoras llamadas "mineros" compiten para resolver un rompecabezas computacional, que implica verificar las transacciones en un nuevo bloque y agregarlas a la cadena principal. Por su esfuerzo, los mineros obtienen una recompensa en forma de nuevas monedas.

El proceso de minería es fundamental para mantener la seguridad de la red y mejora la descentralización, aspectos clave de la tecnología Blockchain. Pero la minería de criptomonedas se está volviendo competitiva a medida que más personas buscan unirse a la empresa. A continuación, veremos brevemente cómo extraer Dogecoin de forma rentable.

Configurar una billetera Dogecoin

El primer paso para minar Dogecoin es configurar una billetera, que es donde se recibirá la recompensa minera. Esfuérzate en encontrar una billetera segura, preferiblemente billeteras de hardware que te permitan mantener tus claves criptográficas fuera de línea. De lo contrario, una billetera de software altamente segura te será de gran ayuda.

Únete a un grupo de minería

Para extraer Dogecoin de manera rentable, necesitas el equipo adecuado y luego unirte a un grupo de minería. La razón por la que esto es importante es que es posible que no extraigas ningún bloque si va solo, dada la mayor dificultad y las necesidades de tasa de hash. Un grupo te permitirá usar el poder de muchos para lograr fácilmente el objetivo de obtener ganancias.

Comenzar la minería

Una vez que tengas lista la configuración de minería, es hora de comenzar a extraer Dogecoin. Sin embargo, antes de comenzar, asegúrate de que todo esté configurado debida y correctamente para evitar posibles contratiempos en el camino. Para el hardware, verifica los aspectos como la energía de respaldo y el sistema de enfriamiento, algo de vital importancia. Un dato muy puntual, asegúrate de que sea legal extraer criptomonedas en tu país.

¿Qué se necesita para comenzar a minar Dogecoin hoy mismo?

Para comenzar a extraer DOGE de inmediato, debes haber configurado tu propia billetera Dogecoin, tener el hardware y software adecuados o comprar un contrato de minería en la nube. Sigue adecuadamente cada paso para minar con seguridad y de manera simples una de las monedas virtuales más atractivas de la red criptográfica del año 2021, que se hace más y más popular gracias a las publicaciones de Elon Musk en su red social Twitter sobre la moneda del meme: Dogecoin.

Equipos populares de hardware y minería para Dogecoin

La minería de la mayoría de las monedas digitales populares ha pasado del uso de CPU, y eso también se aplica a Dogecoin. Puedes minar DOGE usando una plataforma de minería GPU. Sin embargo, el hardware más popular para extraer Dogecoin en la actualidad es un dispositivo de circuito integrado específico de aplicación (ASIC) Application Specific Integrated Circuit.

La dinámica subyacente en la minería, ya sea Scrypt de Dogecoin u otro algoritmo, es que los dispositivos de hardware o plataformas que tienen la mayor potencia informática tienen la mayor posibilidad de extraer el siguiente bloque y obtener la recompensa.

Como esto se está definiendo cada vez más con la creciente popularidad de DOGE, obtener un ASIC con una tasa de hash lo suficientemente buena es el primer paso. Por supuesto, su rentabilidad seguirá dependiendo en gran medida de otros factores, incluido el consumo de electricidad, la eficiencia y el precio de Dogecoin.

Puedes adquirir un minero Dogecoin del fabricante o cualquiera de los varios puntos de venta en el mercado. Recuerde hacer la debida diligencia antes de comprar la plataforma, incluido el tiempo que puede tomar antes de obtener un retorno de la inversión (ROI).

A CONTINUACIÓN, te presentamos tres mineros ASIC principales para Dogecoin:

● BITMAIN ANTMINER **L3 +**

El Antiminer L3 + es un minero ASIC del gigante mundial de hardware de minería Bitmain. El minero viene con una tasa de hash decente de 504MH/s con un consumo de energía de 800W y una eficiencia de 1.6J/MH en la pared. Puedes extraer DOGE con este minero, así como otras criptomonedas basadas en Scrypt, incluida Litecoin.

. . .

•BW L21 **Scrypt Miner**

El BW L21 fue lanzado al mercado enero del año 2018, propiedad de BW.com. Este Scrypt ASIC Miner ofrece 550 MH/s con un consumo de energía de 950W y una eficiencia de salida de 1.727j/Mh. Este es uno de los mineros ASIC más poderosos para Dogecoin.

•FUSIONSILICON X6 **Miner**

El X6 Miner es un minero ASIC de FusionSilicon lanzado en agosto del año 2018. Es compatible con el algoritmo Scrypt y, por lo tanto, es ideal para Dogecoin entre otras monedas basadas en Scrypt. X6 Miner tiene una tasa de hash de 860Mh/s, un consumo de energía de 1079W y una eficiencia de 1.255j/Mh.

SOFTWARE

Antes de comenzar a extraer criptomonedas, necesitas la integración de software con su hardware. Si decides minar con un ASIC, es posible que lo encuentres preinstalado con el software de minería. Sin embargo, en caso de que montes o adquieras una plataforma de minería GPU, debes descargar e instalar el software.

Debes asegurarte de utilizar el software que mejor se adapte al tipo de hardware de minería que tengas. Ten en cuenta también que existen versiones de escritorio y móviles. Con el primero, lo tienes en tu dispositivo de escritorio y sólo puedes acceder a él en ese dispositivo, mientras que una versión móvil te permite minar sobre la marcha.

¿CUÁL ES **el software utilizado para extraer Dogecoin?**

El software de minería más popular que puedes consultar para minar Dogecoin es CGMiner. CGMiner v3.7.2 es un producto de software de interfaz de línea de comandos (CLI) que puedes instalar y personalizar fácilmente según tu configuración. También puedes consultar MultiMiner y EasyMiner para hardware ASIC y Cuda-Miner para hardware de minería GPU.

Minar Dogecoin con un ordenador personal

Técnicamente, esto es algo que se podría probar, ya que la minería de Dogecoin necesita relativamente menos potencia de cálculo antes de que la explosión de precios lo pusiera en el mapa y atrajera más hashrate y, por lo tanto, aumentará la dificultad.

Hoy en día, extraer Dogecoin con su PC no es una modalidad a través de la cual puedas emprender si realmente deseas ganar dinero con ella. La simple razón, como se señaló anteriormente, es que necesitarás mucha más potencia de cálculo de la que puede manejar tu propio CPU.

Nuevamente, si lo intentas, tu computador se sobrecalentará rápidamente y es probable que se dañe. Como tal, solo puedes usar GPU o ASIC, e incluso con el primero, es posible que necesites una plataforma que comprenda 4 o más tarjetas gráficas de las mejores marcas y calidad.

Conocimientos técnicos necesarios para extraer Dogecoin

Mientras te vayas preparando para comenzar a minar Dogecoin, es posible que debas comprender algunos términos técnicos que se aplican a la industria. Los conocimientos técnicos te ayudarán a entender toda la idea de la minería.

El Algoritmo es un conjunto de reglas que permite la minería, lo que implica seguridad de las transacciones y Blockchain. Los algoritmos de minería varían y es bueno saber cuál se aplica a la moneda que desea minar.

En términos sencillos comprendamos a la Blockchain como una cadena de bloques, refiriéndose a la serie de bloques de datos agregados uno tras otro en un libro mayor distribuido. Los bloques deben ser válidos y contener hashes de todos los datos de la transacción. Los mineros sólo obtienen su recompensa una vez que se verifica un bloque y se agrega al libro mayor.

Por su parte, la Tasa de Hash es la cantidad de potencia informática necesaria para minar nuevas monedas. Cuanto mayor sea la tasa de hash, mayores serán las posibilidades de obtener un bloqueo. La tasa de hash es también la potencia informática total de todos los mineros que protegen la red. Cuanto mayor sea la tasa de hash, más difícil será ejecutar un ataque del 51%.

Cuando hablamos de Tiempo de Bloque, nos referimos al tiempo que le toma a un minero encontrar un nuevo bloque, verificar transacciones y agregarlo a la cadena de bloques. También se llama tiempo de generación de bloques. Dogecoin tiene un tiempo de bloque de 1 minuto, mientras que Litecoin es de 2,5 minutos y Bitcoin es de 10 minutos.

La Dificultad Minera es la medida de lo difícil que es para los mineros obtener un nuevo bloque. A menudo aumenta o disminuye según la cantidad de mineros en la red. El ajuste de dificultad asegura que el tiempo de bloqueo promedio permanece alrededor de la duración codificada.

Al hacer referencia a las Tarifas de Minería, nos enfocamos en esa pequeña tarifa que paga un usuario para que sus transacciones se procesen en la red. Estas tarifas de minería forman parte de la recompensa en bloque de un minero.

La Recompensa de Bloque es el premio que cada minero o grupo obtiene por cada bloque que minan y agregan a la cadena de bloques. Incluye las nuevas monedas (10,000 DOGE) y tarifas de transacción/minería.

Y finalmente la Rentabilidad Minera. Cálculo de los retornos potenciales cuando se han tenido en cuenta todos los costos de la minería. Los mineros se vuelven rentables cuando el precio de las monedas extraídas excede el costo total de la minería.

Además de la minería individual o autónoma, tienes la opción de unirte a un grupo de minería Dogecoin. Los grupos de minería combinan o reúnen a muchos mineros, "agrupando" el poder hash para minar como una sola unidad. De esta manera, los mineros pueden competir contra las grandes granjas por la recompensa del bloque.

Un grupo de minería reducirá el tiempo que le tomaría extraer un solo bloque, lo que significa que es probable que se vuelva rentable más rápido con un grupo que como minero privado con un presupuesto limitado.

El grupo de minería al cual te unas, debe ser compatible con el algoritmo Scrypt de Dogecoin. A continuación, te presentamos dos de los más populares para esta criptomoneda:

●PROHASHING:

Admite Scrypt, X11, Equihash y SHA-256 y paga en DOGE, no en USD, por lo que tiene la moneda y se puede hacer "hold".

●**Multipool:**

Aquí puedes realizar una minería combinada de DOGE y Litecoin.

La minería de Dogecoin en la nube es otra opción que bien puedes considerar. La minería en la nube te permite comenzar a minar simplemente alquilando el poder de hash de uno de los centros de datos.

SE TRATA de una minería a manos libres y no requiere que tengas ningún hardware o comprometa tiempo para monitorear el equipo. Todo lo que debes hacer es comprar un contrato de minería, generalmente mensual o anual, y pagar las tarifas correspondientes que te permitan tal derecho. El centro de datos utilizará su tasa de hash para minar Dogecoin y pagarte una parte de la recompensa.

Recuerda que para comenzar a minar Dogecoin en la nube, necesitas configurar una billetera y encontrar un grupo de minería de buena reputación que ofrezca contratos en la nube. Nice Hash y Genesis Mining son las dos mejores opciones para las monedas basadas en Scrypt.

Pros y contras de la minería en la nube

. . .

Pros
- Más barato que las configuraciones de hardware.
- Minería pasiva.
- No es necesario dominar aspectos y términos técnicos.
- Puede extraer cualquier moneda.
- Reparto constante de la recompensa.

Contras
- Riesgo de contratos turbios.
- Contrato bloqueado con una tarifa fija, incluso si el precio cae durante el contrato.

¿Qué tan rentable nos puede resultar la minería Dogecoin?

Cuando Jackson Palmer y Billy Markus desarrollaron Dogecoin, lo pensaron como una 'broma'. Incluso tenían el logotipo de la criptomoneda como un perro Shiba Inu, incluso buscan desanimar a los mineros serios al hacer que la recompensa minera sea una cifra aleatoria. Esta parte significaba que un minero podía ganar desde cero (o) hasta miles de DOGE por bloque.

Pero eso ha cambiado desde entonces, con el mayor uso de Dogecoin lo que lo convierte en una moneda que realmente alcanza valor e importancia.

Ya sea que realices una minería propia o formes parte de un grupo de minería, primero debes calcular la rentabilidad potencial de la moneda antes de continuar. A partir de esto, lo importante es mantener los gastos de minería por debajo de los costos totales de minería.

ESTO ES lo que se necesita tener para dar tan importante paso:

- COSTO del minero
  - Valor de la tasa de hash
  - Costo de electricidad por kWh
  - Dificultad

- •Tarifas de la piscina
- •Precio de Dogecoin

SI ACCEDES a una buena calculadora de minería Dogecoin, podrás comprobar fácil y rápidamente la rentabilidad de la minería de varios dispositivos de hardware. La mayoría de las calculadoras de minería también tienen una lista de las mejores máquinas de hardware, por lo que puede examinar tantas como sea posible, centrándose en el valor de la tasa de hash, el uso de energía y la eficiencia.

Supongamos que estás viendo un minero Scrypt que cuesta $209,00 y tiene una tasa de hash de 540MH/sy, este consume 800W a 0,05kWh.

Si la dificultad de minería es 2.818.632,16 pagarías una tarifa de grupo del 1% y ganas 10.000,00 DOGE como recompensa de bloque a la vez que el precio de Dogecoin es $0.0566 (Ejemplo), entonces esto es lo rentable que puede ser.

Los ingresos diarios serían de $2,20 y una vez que deduzca los costos diarios, la ganancia se reduciría a alrededor de $1,22.

A este ritmo, alcanzarías el ROI en 171 días solo minando. Pero encontrar un bloque, con esta tasa de hash, llevaría 238 días. Entonces, tu mejor opción es unirte a un grupo de minería y recibir el pago compartido, con grandes grupos que probablemente resuelvan un bloqueo todos los días.

QUÉ HACER LUEGO **de minar Dogecoin**

AHORA, debes decidir si venderás los DOGE de inmediato o si los guardarás en tu billetera y los mantendrás como una inversión a largo plazo. Expliquemos estas decisiones.

La venta de Dogecoin sería probablemente tu primera decisión si buscas obtener beneficios inmediatos. Si es así, considera dos formas de vender el DOGE minado.

A través de un intercambio de criptomonedas puedes vender DOGE, es esta la forma más fácil y solo necesitas que crees una cuenta para continuar. Una vez configurado, puedes vender en cualquier momento, pero debes tener mucho cuidado con los costos adicionales en las tarifas, así como con las fluctuaciones de precios.

A través de una plataforma de igual a igual, el conocido mercado Peer-To-Peer (P2P), también es otra opción para vender tus monedas. En estas plataformas, los vendedores se conectan directamente con los compradores y negocian los términos de la transacción. Una vez que ambos estén de acuerdo, recibirás el pago y luego enviarás el DOGE a la dirección de la billetera del comprador.

Si, por el contrario, tu deseo es guardar y conservar tus monedas Dogecoin minadas en una billetera segura a largo plazo, entonces una estrategia popular en los círculos criptográficos conocida como holding te vendría de maravilla.

Esto significa simplemente mantener la moneda a largo plazo, con la convicción de que la moneda está infravalorada en el momento actual. Si te decides por hold, asegúrate entonces de guardar tus DOGE en una wallet confiable, tomando como referencia alguna de las mencionadas en nuestro capítulo anterior y a continuación te mencionamos:

- ●LEDGER NANO S
  - ●Keep Key
  - ●Jaxx
  - ●Coinomi
  - ●Monedero Dogecoin

ADICIONAL A ELLAS, tienes Coinbase, CoolWallet S y Ledger.

. . .

CÓMO MINAR **Dogecoin con GPU**

Desafortunadamente, estos son los días de ASIC y probablemente no será rentable a menos que tengas una tonelada de GPU. Incluso entonces, simplemente comprar ASIC sería una mejor inversión por su dinero.

Aun así, si quieres intentarlo de todos modos, tal vez para perder el tiempo o hacerte una idea de cómo es la minería DOGE, tienes algunas opciones.

Primero, configura una plataforma de minería GPU o usa cualquier GPU que tenga tu computadora actualmente.

Luego descarga CUDAMiner o CGMiner dependiendo del tipo de tarjeta gráfica que tengas (CUDA para Nvidia y CG para AMD).

Para cualquiera de los programas, necesitarás lo siguiente:

- DIRECCIÓN de estrato y número de puerto al que conectarse:

Stratum es un protocolo de minería de monedas, y puede pensar en una dirección de Stratum como una dirección de sitio web. Pero en lugar de conectarse a un sitio web, se conecta a un grupo de minería.

- Tu nombre de trabajador:

Creado en el sitio del grupo de minería

- Tu contraseña de trabajador:

Creada en el sitio del grupo de minería, diferente de su contraseña de usuario para el sitio.

- Tu nombre de usuario:

Para el sitio del grupo de minería.

Cómo minar Dogecoin con CPU

Si la minería de GPU Dogecoin no es viable, puedes olvidarte de la minería de CPU, al menos cuando se trata de obtener ganancias. Probablemente solo hará que tu CPU se sobrecaliente, lo que puede dañarla y reducir su vida útil.

Sin embargo, si deseas jugar de todos modos, lo que necesitas es descargar CPUMiner y tener la configuración listada arriba con dirección de estrato, número de puerto, nombre de trabajador, contraseña de trabajador, nombre de usuario del sitio del grupo, perfectamente habilitada.

Cómo extraer Dogecoin en Android

Si bien puede sonar genial poder minar DOGE con tu teléfono, lamentablemente no es posible. Los teléfonos ni siquiera están cerca de ser lo suficientemente potentes como para extraer Dogecoin. Lo que podrías hacer es ver el divertido juego de Android Dogeminer.

Cómo extraer Dogecoin en Mac

Si deseas extraer Dogecoin en tu Mac, probablemente no será posible a menos que tengas una GPU increíble. Incluso entonces, no esperes que sea rentable, ya que los ASIC ofrecerán una dura competencia. Además, no intentes esto en tu Mac, ya que esta se sobrecalentará demasiado, lo que podría causar daños físicos y hasta reducir definitivamente la vida útil de tu dispositivo.

De cualquier manera, si aún deseas comenzar, sigue las instrucciones en la sección "Cómo extraer Dogecoin con GPU" o la sección "Cómo extraer Dogecoin con CPU".

Cómo extraer Dogecoin en solitario

Como habrás podido notar, extraer Dogecoin es un tanto difícil, incluso con un grupo de minería. La única forma de minar realmente Dogecoin de manera rentable es si tiene una granja minera de Dogecoin en algún lugar con muchos dispositivos ASIC en un lugar donde la electricidad es muy barata o incluso gratuita.

De lo contrario, se corre el riesgo de esperar mucho tiempo para recibir las recompensas en bloque de DOGE. Pueden pasar semanas, meses, años o nunca antes de que extraigas un bloque DOGE tú mismo. Aunque una vez que lo hagas, toda la recompensa será tuya, en lugar de tener que compartirla con un grupo de minería. Sin embargo, cosas como los costos de la electricidad podrían afectar cualquier beneficio que obtengas.

¿Cuánto tiempo lleva extraer Dogecoin?

Técnicamente, se extrae un bloque de Dogecoin cada minuto. Sin embargo, si deseas saber cuánto tiempo te llevará extraer algo de

DOGE, usa algo como la calculadora de minería WhatToMine Doge-coin, pero ten presente que no es perfecta. Por ejemplo, con un Antminer L3 ++, probablemente te llevará una hora o menos extraer 1 DOGE.

Concluimos esta sesión, esperando que ya cuentes con nociones básicas de cómo extraer o minar Dogecoin. Si bien en gran parte no es rentable para la mayoría en estos días, eso depende de la propia situación. Sin mencionar que las cosas podrían cambiar si, por ejemplo, el precio de DOGE sube.

CINCO

EL SECRETO DE LA EVOLUCIÓN DEL PRECIO DE DOGECOIN: DOGECOIN TO THE MOON

Elon Musk y la controversia con la promoción de Dogecoin que elevó el valor de la criptomoneda a valores históricos.

A principios del año 2021, específicamente entre el 27 de enero y el 11 de febrero, en tan solo 15 días; Dogecoin incrementó su valor en más de 1000%, aunado a ello, ha experimentado un impulso de más de 4000% entre noviembre de 2020 y febrero de 2021. Con todo esto, y lo que sigue sucediendo con Dogecoin; pareciera que esta moneda digital emprenderá muy pronto un viaje tan contundente, que llegará a la luna. Lo que comenzó como una broma, ya comienza a verse en su importante etapa de desarrollo y madurez.

EL INICIO del año 2021 comenzó favoreciendo de manera muy particular e interesante comparado con las criptomonedas, y una de las grandes beneficiadas en este aspecto y más sobresalientes ha sido Dogecoin, ya que, en su condición específica, dos elementos altamente poderosos en el mundo del internet se han unido dando colorido y resaltando a Dogecoin. Nos referimos nada más y nada menos que a las redes sociales y a los memes.

Basta con valorar lo que estos recursos digitales representan por sí mismos y en forma individual y masiva a través de internet. Si las unimos, imagina lo que podrían hacer por aquello que se inició como una sátira y que hoy día conocemos como Dogecoin. No cabe la menor duda que en la web podemos encontrar historias dignas de difundir, y la de Dogecoin no podía quedar aislada, una historia que se superó a sí misma, convirtiéndose en algo verdadero y que no nos deja de sorprender.

Desde el nacimiento de la moneda del perrito y al momento de redactar estas líneas, Dogecoin ha alcanzado una capitalización de mercado de 40.024.275.630,00 USD (junio 2021)

Si el Dogecoin llegara a valorarse en $1 de precio, con facilidad alcanzaría una capitalización de mercado lo suficientemente poderosa como para superar a empresas como Boeing, IBM, American Express o Starbucks Coffee. Sion lugar a dudas, Dogecoin se ha convertido en uno de los activos más rentables del año 2021, situación que debería mantenerse siempre y cuando aquello que lo inició no pierda vigencia.

Con los hashtags #DOGEDay o #DOGEDay420, los usuarios de las redes sociales impulsaron considerablemente el valor de la criptodivisa y su precio alcanzó un récord el día martes 20 de abril del año 2021, con una capitalización de mercado superior a los 50.000 millones de USD, luego que sus usuarios en las redes sociales realizaran publicaciones utilizando la etiquetas para alimentar un repunte de la criptodivisa inspirada en el "meme del perrito".

El incremento de su precio en un 8.000% en los primeros seis meses del año en curso, ha hecho que Dogecoin, lanzada inicialmente hace ya casi 8 años como parte de una crítica satírica al frenesí generado por las criptodivisas, supere a otras valiosas criptomonedas reconocidas como Tether, y se haya convertido en la quinta más grande en todo el mundo.

Muy a pesar de que Dogecoin representa sólo una fracción del valor de 1 billón de dólares del Bitcoin, puede ser cotizada en las exchanges de criptomonedas y en las aplicaciones de comercio más conocidas. El logotipo de la moneda digital es representado por el meme del perro Shiba Inu.

El alza en la evolución del precio de Dogecoin representa una convergencia interesante, después de que el precio de la Dogecoin se quintuplicara en la última semana hasta alcanzar un récord de 0,42 USD, según CoinMarketCap.

Dogecoin, una moneda creada como una broma para sus primeros usuarios de las criptomonedas, cuya comunidad encontró en este tipo de cosas algo muy divertido, representa ahora una nueva generación de inversores minoristas para quienes desde entonces los memes forman parte de un lenguaje nativo.

Dogecoin se ha visto beneficiada en su precio muchas veces por las reacciones manifestadas en la red incluso por quienes aún no la han comprado. Ese detalle de colocar la cara de un perro como su logo, de alguna manera le hace ganar fanáticos y adeptos, que si bien no invierten en la moneda; se identifican con ella por el amor, cuidado y afecto hacia las mascotas. Tanto así que a diario son incontables, por decir muchos; los memes publicados en redes sociales con la cara de Kabosu, el perro de Atsuko Sato, imagen de Dogecoin.

Pero otro gran factor ya inherente propiamente dicho, al mundo cripto; hace maravillas para dar valor y prestigio a Dogecoin, y se trata de su presencia y aceptación en diversas áreas del mercado, en sectores productivos de la industria y en espacios de negocios y comercialización. El hecho de que la moneda sea válida y aceptada para poder pagar un café, dice suficiente. Algo así como cuando le damos esa confianza que tanto necesita el dinero fiduciario para ser aceptado y circular, pues bien; Dogecoin, va ganando más terreno. Además de simpatía y confianza, se apodera apoyo y respaldo comercial.

Para los primeros días del mes de junio del año 2021, Dogecoin recibió lo que podríamos llamar elogios o enaltecimientos por dos importantes situaciones que le ayudaron a cotizar su valor con un importante crecimiento que le llevó a ubicarse alrededor de $0,39 por moneda frente a los $0,32 en el cual se encontraba, antes de que Coinbase Pro, una de las exchanges más importantes ubicada en Estados Unidos; anunciara la incorporación y disponibilidad de Dogecoin en su plataforma, para que de esta manera las personas interesadas pudieran comenzar a depositar sus tokens de Dogecoin en sus cuentas respectivas.

Dogecoin logró recuperarse en más del 20% frente a este importante anuncio, en el que Coinbase Pro la hizo saber que la agregaría a su lista de intercambios de criptomonedas, una de las plataformas más grandes y reconocidas del mundo criptográfico.

El anuncio de este intercambio despertó un interés suscitado en la criptomoneda apoderada de los memes, al igual que los tuits de Elon Musk, CEO de Tesla, quien con cierta frecuencia y regularidad agita los mercados de criptomonedas con tan solo activar sus redes sociales. Para esta ocasión Musk reaccionó ante el anuncio de Coinbase Pro, volviendo a postear un viejo tuit en el cual calificaba el surgimiento de Dogecoin como "inevitable", para posteriormente reavivar el interés de la moneda en las redes sociales con otro meme basado en DOGE.

Las redes sociales y su impacto en el valor de Dogecoin

Los seguidores y fans de Dogecoin utilizaron los hashtags #DOGEDay y #DOGEDay420 para publicar memes, mensajes y vídeos en sus redes sociales de Twitter, Reddit y TikTok, en referencia a la celebración y festividad informal del 20 de abril para exaltar el cannabis, que está marcada por los fumadores y las fiestas callejeras.

Al igual que muchas otras criptomonedas, el precio de Dogecoin está muy influenciado por los usuarios de las redes sociales, incluido el director general de Tesla, Elon Musk, cuyos tuits sobre la criptodivisa en febrero hicieron que su precio se disparara más del 60%.

Sin discusión y nada que agregar, Dogecoin se ha convertido en la criptomoneda protagonista de los memes y las redes sociales. Nacida de un meme, se ha mantenido impulsada principalmente por redes sociales y sus millones de memes alrededor del mundo. Por tal motivo, no se trata de una casualidad que su precio siga siendo tan elevado. Y es que la misma comunidad mientras se divierte, invierte e incrementa el precio de este activo.

El precio actual de Dogecoin está en $0,31 que no es mucho más bajo que el máximo histórico registrado de $0,41. Igualmente sigue siendo cinco veces mayor, ya que el boom del 15 de abril no fue seguido por un vertedero.

La ganancia hasta la fecha es del 524% con respecto al mes de marzo del año 2021, y hasta el 17,590% con respecto a hace un año.

Sin embargo, vale la pena señalar que parece haber una burbuja especulativa en torno al precio de DOGE, y no sería sorprendente que esta burbuja estallará tarde o temprano, una moneda que nació de un meme y que está impulsada principalmente por memes y memes en redes sociales. Por tanto, no es casualidad que su precio siga siendo tan elevado.

Los precios de Dogecoin aumentaron un 50% en menos de 24 horas después de que uno de los hombres más ricos del mundo, Elon Musk, tuiteara un meme de sí mismo y del logotipo de la criptomoneda al estilo de la película de Disney "El Rey León".

Con solo unos pocos tuits, Elon Musk ha provocado una corrida en el mercado de una criptomoneda poco conocida, como es Dogecoin.

Según el sitio web Coinmarketcap.com, un proveedor de datos de criptomonedas, el precio de Dogecoin aumentó alrededor del 50% a $0.02610 (€ 0.022), casi 3 centavos en menos de 24 horas.

El volumen de operaciones también se triplicó a lo largo del día, cuando Musk, jefe del fabricante de automóviles eléctricos Tesla y de la empresa productora de naves espaciales SpaceX, había impulsado el aumento simplemente publicando la palabra "DOGE" en Twitter con una imagen de un cohete lunar.

Luego escribió: "Dogecoin es la moneda criptográfica de la gente". "Sin altibajos, sólo DOGE", añadió.

Lo que distingue a Dogecoin de otras monedas derivadas de la computadora es que la cantidad de monedas digitales que se pueden generar a través de la "minería" no está limitada.

En el proceso de generación, los usuarios aportan capacidad informática para el cifrado de transacciones. A continuación, se paga a los usuarios en la criptomoneda correspondiente.

Dado que el cifrado de Dogecoin es más simple, las transacciones se pueden procesar más rápidamente que con Bitcoin o Litecoin.

Dogecoin se anuncia a sí mismo como una moneda digital Peer-To-Peer (P2P) de código abierto descentralizada que permite a los usuarios enviar dinero fácilmente en línea.

Sin embargo, el analista Timo Emden de Emden Research advirtió que no es sostenible. "Para los inversores, el entorno de mercado con Dogecoin se parece a ir a un casino".

Musk es seguido por más de 45 millones de personas en Twitter, pero su influencia en las redes sociales también se ve impulsada por su estatus de ícono pop.

Neil Wilson, analista jefe del corredor en línea Markets.com, dijo que "la gente literalmente está invirtiendo en él y en sus ideas". El concurso de esas ideas no importa, según el experto.

Aunque Musk prometió recientemente tomarse un descanso de Twitter, más allá de hacer varios comentarios en línea allí que aumentaron el valor de Dogecoin, recientemente provocó un rally alrededor de Bitcoin, su precio subió por encima de los 38.000 dólares la semana pasada después de que Musk cambiara su biografía de Twitter para incluir "#bitcoin". En pocas horas, Bitcoin había aumentado su precio a más de $38.741,00

EL PRECIO de Dogecoin sube después de los tweets de Elon Musk y Mark Cuban
- "Dogecoin se disparó el miércoles después de recibir el respaldo de algunas celebridades en Twitter".

EL PRECIO de Dogecoin se ha disparado un 20% en las últimas 24 horas a 32 centavos, según datos de Coin Metrics. La criptomoneda inspirada en los memes alcanzó un récord de más de 45 centavos a principios de este mes, lo que generó temores de una posible burbuja en el mercado de las criptomonedas.

Inicialmente comenzó como una broma en 2013, Dogecoin es ahora la sexta moneda digital más grande con un valor de mercado total de casi $42 mil millones, según CoinGecko. Toma su nombre y marca del meme "DOGE", que representa a un perro Shiba Inu junto con frases sin sentido en texto multicolor.

A menudo ha subido de precio tras los tweets de Elon Musk. El CEO multimillonario de Tesla una vez llamó a Dogecoin su criptomoneda "favorita" y "la criptografía de la gente". Musk también es partidario de bitcoin, ya que su compañía de automóviles eléctricos ha acumulado casi $2.5 mil millones en criptomonedas.

El miércoles, Musk simplemente tuiteó: "The DOGEfather SNL 8 de mayo". Esto es tanto una referencia a sus frecuentes tweets sobre Dogecoin, que según él están "destinados a ser bromas", y la aparición planificada de Musk en "Saturday Night Live" la próxima semana.

Una magia muy especial gira en torno al ingenio, creatividad, profesionalismo y experiencia que posee Elon Musk, pero su influencia única en redes sociales frente al mercado cripto, lo hace "El Influencer" número uno de la moneda. Unos cuantos caracteres escritos y publicados generan turbulencia en el mercado, por lo general disparando el precio de Dogecoin a niveles inesperados.

Y no solo Musk, celebridades como Mark Cuban, reconocido empresario estadounidense, inversionista, y propietario del equipo Mavericks de Dallas de la NBA, quien es también dueño de los cines Landmark, y Magnolia Pictures, además de presidente de la cadena de TV Cable HDTV AXS TV y quien también es muy conocido por su inversión y participación en la serie "Shark Tank"; ha declarado y publicado a favor de Dogecoin, catalogándola en sus pronósticos como una StableCoin que con total seguridad llegará a $1,00 de valor muy pronto. Cuban posee un estimado de 3.250,00 Dogecoin. Para Mark Cuban, invertir en Dogecoin resulta ser muchísimo mejor que jugar a la lotería.

Snoop Dogg, músico, compositor y cantante de rap norteamericano, además de productor y actor; es también asiduo seguidor e inversionista de Dogecoin. El pasado 20 de abril del año 2021, en el marco de la celebración del DOGEDay, Snoop dedicó un video de 45 segundos a la criptomoneda, donde aparece viajando, bailando y combatiendo en un plano extraterrestre, acompañado de un Shiba Inu, símbolo de la moneda. Publicación que generó reacciones positivas en su comunidad virtual de Twitter @SnoopDogg. Snoop, quien en un pasado hizo ver la posibilidad de lanzar su propia moneda virtual "Dogecoin", es defensor ferviente de Dogecoin. Sus publicaciones a nombre de Dogecoin, son un impulso para su valor.

Otra figura relevante y que se hace parte de la comunidad DOGE, es Gene Simmons (Chaim Witz). Músico, compositor, cantante, productor musical, actor, autor, emprendedor y personalidad televisiva de ascendencia judía-húngara y de nacionalidad israelí-estadounidense y también conocido como cofundador, bajista y colíder de la banda de rock Kiss, se ha hecho inversionista en Dogecoin.

Simmons se autodeclaró "Dios de Dogecoin", inspirado en su canción "God Of Thunder". Gene Simmons rompió el mercado al iniciarse como inversor en Dogecoin. En una entrevista realizada por bitcoin.com, Simmons expresó lo siguiente: "No creo, ni por un segundo, que la gente entienda lo que es la criptomoneda o para qué está diseñada. Sin embargo, es inmediata y te permite no tener que lidiar con bancos, y eso me gusta". Suficiente, ¿No te parece?

El precio de Dogecoin se sigue disparado, según datos de Coin Metrics. La criptomoneda inspirada en los memes ha alcanzado niveles récord hasta por encima de los 45 centavos de dólar, lo que generó temores de una posible burbuja en el mercado de las criptomonedas.

Inicialmente comenzó como una broma en 2013, Dogecoin es ahora la sexta moneda digital más grande con un valor de mercado total de casi $40 mil millones, según CoinGecko. Toma su nombre y marca del meme "DOGE", que representa a un perro Shiba Inu junto con frases sin sentido en texto multicolor.

A menudo ha subido de precio tras los tuits de Elon Musk. El CEO multimillonario de Tesla una vez llamó a Dogecoin su criptomoneda "favorita" y "la criptografía de la gente". Musk también es partidario de Bitcoin, ya que su compañía de automóviles eléctricos ha acumulado casi $2.5 mil millones en criptomonedas.

Recientemente, Musk simplemente tuiteó: "The DOGEfather SNL 8 de mayo". Esto es tanto una referencia a sus frecuentes tuits sobre Dogecoin, que según él están "destinados a ser bromas".

Elon Musk es un personaje muy influyente que hace estremecer el criptoverso y permitió sacudir el mercado criptográfico, en especial para Dogecoin con una encuesta muy sencilla en Twitter.

Tras una simple consulta de gran impacto a través de su red social Twitter @elonmusk, el multimillonario Elon Musk efectuó la siguiente pregunta: ¿Quieres que Tesla acepte a DOGE? Refiriéndose a la criptomoneda Dogecoin, una moneda digital con la que Musk ha jugado en los últimos meses. Luego de su interrogante, el precio de la moneda se disparó, como era de esperarse; y todo ello en detrimento de otras monedas similares como Bitcoin o Ethereum, que pagan con fuertes caídas la enésima aparición del fundador de Tesla.

La interesante pregunta ha surgido algunos días después de haber etiquetado a la interesante moneda del perrito como una cripto "caliente", lo que generó que el precio de esta moneda virtual concebida en los memes se estremeciera luego de un galopante pico del 700% en tan solo un mes. Musk, defensor radical de las monedas digitales, expresó dicho comentario en la participación especial que tuvo como invitado y presentador en el magazine televisivo de comedia "Saturday Night Live".

SEIS

¿POR QUÉ DOGECOIN NO ES CONSIDERADA UNA CRIPTOMONEDA SERIA DENTRO DE LA COMUNIDAD DE CRIPTOMONEDAS?

Tokens relacionados con Dogecoin: Shiba Inu y Akita.

Dogecoin es una criptomoneda de igual a igual que recibe su nombre de un popular meme de Internet. La idea comenzó como una broma, pero rápidamente se está volviendo seria. Ahora bien, ¿Se puede tomar en serio una broma?

Como ya lo tenemos bastante claro, en el año 2013, Dogecoin fue creada como una manera de burlarse de una industria que se tomaba a sí misma demasiado en serio. Ahora, y luego de memes, abandonos, descuido y olvido para muchos; es una de las criptomonedas más grandes del mundo, ante lo cual nos preguntamos ¿Cómo ha llegado hasta aquí? Pues bien, de alguna manera y sin saberlo, Dogecoin generó una animada comunidad de entusiastas que desde un primer momento y fundamentada en sus principios comenzó a seguir y apostar por ella, la moneda bromista.

Desde el año 2013, momento de su aparición; Dogecoin ha recorrido un largo y fructífero camino alcanzando un valor de mercado superior a los $40 mil millones en su punto máximo en la locura de las criptomonedas en la actualidad. Jackson Palmer, un empleado de Adobe, no podía creer la gran cantidad de altcoins que aparecían en 2013. Como broma, envió un tuit diciendo que estaba invirtiendo en Dogecoin, una moneda inexistente en el momento y basada en el meme del perro Shiba Inu que era muy popular para ese entonces.

A pesar de que tuiteó en broma, fueron muchas las personas que pensaron que estaba haciendo un comentario serio y cierto. Dijeron que la industria realmente necesitaba un token alegre que pudiera contrarrestar las monedas más controvertidas que se ofrecen. Fue así como entonces Palmer se asoció con Billy Markus, un programador, para hacer realidad Dogecoin.

Veamos esta breve reseña histórica que da certeza a la presencia, existencia y permanencia de Dogecoin.

- **DICIEMBRE DE 2013:** Dogecoin fue fundada por Jackson Palmer
- **Junio de 2014:** Se establece la Fundación Dogecoin para presidir el código de la moneda.
- **Abril de 2015:** El cofundador Jackson Palmer deja Dogecoin
- **Enero de 2018:** Supera brevemente la capitalización de mercado de $2 mil millones
- **Mayo de 2019:** Dogecoin se agrega a la popular billetera Coinbase
- **Marzo de 2020:** Elon Musk dice que Dogecoin es la mejor criptomoneda
- **Abril de 2021:** Se establece DOGEDay el 4 de abril

Dogecoin se hace una moneda seria, y esto la hace especial ¿Se le puede tomar en serio?

●Velocidad y costo: Cuenta con transacciones rápidas y tarifas de transacción bajas, ambas esenciales para una amplia adopción.

●Suministro ilimitado: Originalmente, la moneda tenía un límite de 100 mil millones de monedas, pero luego se cambió a un suministro ilimitado. Eso mantiene el precio relativamente estable.

● Comunidad: El corazón de Dogecoin es su comunidad activa. Los más de 100,000 miembros en Reddit son famosos por ser un grupo amigable y acogedor.

● Filantropía: Se sabe que esa misma comunidad se moviliza en torno a buenas causas. Recaudaron más de $25,000 en Dogecoin para ayudar a enviar al equipo de trineo jamaicano con problemas de efectivo a los Juegos Olímpicos de 2014. También se asociaron con una organización benéfica del agua para recaudar miles de personas para mejorar el acceso al agua potable en Kenia.

DADO que hay un suministro ilimitado de tokens Dogecoin, el valor de un solo token es muy bajo en comparación con otras altcoins. Eso significa que la minería no es muy rentable, por lo que no hay muchos incentivos. Sin embargo, la baja recompensa no disuade a los entusiastas de Dogecoin. Para ellos, nunca tuvo la intención de ser una inversión; estaba destinado a ser una moneda dinámica.

La ventaja del suministro interminable de tokens de Dogecoin es que el precio se mantiene relativamente estable. La desventaja es que el precio suele permanecer muy bajo. La mayoría de las personas ingresan al mundo de las criptomonedas como inversión. Esperan que, si se aferran a ciertos tokens el tiempo suficiente, puedan venderlos para obtener ganancias.

No es así con Dogecoin. Dado que la oferta de tokens es alta y el precio es bajo, no es atractivo para los inversores que buscan retener su moneda. El resultado es una moneda digital peer-to-peer altamente líquida y fluida.

Si es una moneda seria o no ¿Qué puedes hacer con Dogecoin?

Un uso clave de Dogecoin es un sistema de propinas en línea. Si le gusta lo que alguien publicó en la comunidad Reddit de Dogecoin, puedes dejar una propina. Esto es parte de lo que le da a la comunidad su reputación amigable y seriedad.

También puedes efectuar cambios por otras criptomonedas en varios intercambios, lo que ha hecho que la moneda sea un medio poco probable por el cual las personas saltan de un intercambio a otro. Por algo que comenzó como una broma, Dogecoin ha establecido una reputación legítima y verdadera. Incluso el cofundador Jackson Palmer critica la extrema seriedad con la que la gente se la toma en la actualidad.

Palmer se fue en 2015 después de que los estafadores desplumaron a los miembros amantes de la diversión de la comunidad Dogecoin. Dijo que demasiadas personas estaban entrando con una mentalidad de "hacerse ricos rápidamente", sin alcanzar el propósito de la moneda. Cuando Dogecoin alcanzó brevemente una capitalización de mercado de $2 mil millones en enero de 2018, Palmer siguió siendo crítico, frente a lo cual tuiteó: "Creo que dice mucho sobre el estado del espacio de las criptomonedas en general que una moneda con un perro que no ha lanzado una actualización de software en más de 2 años tiene una capitalización de mercado de dólar 1B +".

Dicho esto, la comunidad Dogecoin permanece activa y leal. Con la facilidad de adquirir Dogecoin, el bajo costo comercial y el precio relativamente estable, bien podría quedarse en el futuro.

Ahora bien, ¿Por qué deberíamos tomarnos Dogecoin en serio? El ascenso de Dogecoin refleja el poder de la creencia colectiva y el anhelo de una forma de criptografía más ideal.

Dogecoin inicio 2021 con buen pie, una criptomoneda con temática de perros que recientemente se ha disparado en valor, gracias en parte al apoyo de Elon Musk y otras celebridades. Durante un tiempo fue la décima criptomoneda más grande. Dogecoin terminó 2020 a menos de medio centavo por DOGE, según el índice de precios de Dogecoin de CoinDesk. Ahora cotiza por encima de 0,30 centavos de dólar, lo que sitúa sus rendimientos del año hasta la fecha en alrededor del 1.000%.

Puede ser tentador descartar esto como un frenesí especulativo o simplemente una casualidad, pero eso estaría perdiendo el panorama general. Deberíamos tomar nota del aumento de Dogecoin, aunque solo sea porque refleja algunas de las tensiones clave de este momento en el tiempo.

Referente a Dogecoin, con el paso de su breve tiempo de existencia, prevalece una línea muy delgada entre lo absurdo y la seriedad y aunque parezca extraño; entre la burla y la seriedad. Y es que Dogecoin lleva literalmente el nombre de un perro y está representado por un Shiba Inu, algo que increíblemente a muchos no gusta. Sumado a ello, está el caso del rapero Snoop Dogg, quien recientemente se rebautizará a sí mismo como "Snoop DOGE". Si todo esto suena risible, es porque lo es, aunque sus fans no lo quieran aceptar. Los creadores de Dogecoin tenían la intención de que su creación fuera una broma, el chiste dentro del mundo cripto, pero ahora por lo visto el absurdo está integrado y forma parte de su diseño.

Hoy en día, algunas de las personas más serias en la industria de la criptografía no siempre "tan seria", están molestas por la prominencia que tiene Dogecoin. Sus recientes desarrolladores unen esfuerzos en hacerle ver y convencer a la gente de que la criptomoneda goza de verdadera y real tecnología detrás de sí. Los resultados de este esfuerzo se comienzan a ver, pues ahora el mundo presta más atención Dogecoin, desde celebridades hasta cibernautas comunes y corrientes, grandes empresas y emprendedores.

Con esta tendencia, casi todos los días parece haber una nueva marca o empresa tratando de entrar en acción a favor de Dogecoin. Casos como PayPal, Tesla, MasterCard, Harvard, Morgan Stanley y hasta el banco más antiguo de los Estados Unidos BNY Mellon; y así la lista continúa creciendo mientras el precio de Bitcoin ha respondido en consecuencia, superando los $30,000 recientemente.

Nuestra sociedad es fenomenal. Lo que antes parecía un absurdo para muchos puede volverse algo radicalmente muy serio. Antes del año 2016, gran parte de la sociedad mundial, incluso el mismo Obama; veía a Donald Trump como una escandalosa estrella protagonista de la telerrealidad a la cual no se le veía ningún tipo de posibilidades para ganar la presidencia de los Estados Unidos. ¡Lo vieron como una broma!, y muchos todavía así lo siguen considerando a pesar de la realidad. Sin embargo, Donald Trump logró el triunfo, ganó y se hizo ocupante de la presidencia durante cuatro años completos de la nación más poderosa del planeta.

Obviamente, esta no es la comparación más perfecta, y el punto nuestro no es comparar Dogecoin con Trump. Es simplemente para acentuar que Dogecoin "bromeó" para llegar a una capitalización de mercado de aproximadamente $2 mil millones, y eso es mucho dinero, dinero real, verdadero y serio. También significa y quiere decir que, si llega a estallar la manía de DOGE, algunas personas se enfrentarán a grandes pérdidas muy reales, serías por no tomar "cosas" en serio.

Así como la confianza y otros valores, la creencia colectiva puede triunfar sobre los "fundamentos"

¿Cómo sucedió esto? ¿Cómo es que algo que parece evidentemente absurdo se vuelve innegablemente real? En parte, se debe a que la realidad parece estar cada vez más moldeada por creencias colectivas, en lugar de hechos subyacentes.

Esta creencia colectiva puede prevalecer sobre preocupaciones más prácticas. Hasta hace poco, Dogecoin fue esencialmente abandonado por los desarrolladores, y su último lanzamiento de software importante ocurrió hace dos años. Otros han señalado que carece de sus propios mineros, lo que lo hace vulnerable a los ataques. Los críticos dirán que el reciente boom de DOGE está impulsado completamente por la especulación, más que por el valor fundamental.

Dogecoin es un activo impulsado por el sentimiento. Pero últimamente, muchas cosas se sienten así. El valor se crea a partir del sentimiento de la multitud y se impulsa con el combustible de las redes sociales. El ejemplo más obvio es GameStop, donde los Redditers unieron fuerzas para hacer subir el precio de una acción en muy corto tiempo. Un ejemplo más reciente es MarsCoin, que se disparó más del 1.000% después de que Musk simplemente lo mencionara en Twitter. El poder de la credibilidad, el impacto digital y la influencia en las redes sociales, manejadas por Elon Musk, han hecho de Dogecoin, caso que nos ocupa; un fenómeno fantástico de impulso y crecimiento.

"LO QUE ES DIFERENTE AHORA ES QUE LAS REDES SOCIALES PUEDEN TRADUCIR LA CREENCIA COLECTIVA EN ACCIÓN COLECTIVA A UN RITMO Y ESCALA SIN PRECEDENTES."

Los adolescentes alcanzan niveles vertiginosos de fama en TikTok, impulsados por el apoyo colectivo de los fanáticos y el misterioso algoritmo de la aplicación. ¿Esos videos de segundos de duración merecen reconocimiento mundial? ¿Son estas personas merecedoras de fama? Quizás no, tal vez sí; pero tampoco es relevante realmente. Algunos se están volviendo millonarios. Esto puede ser inofensivo, pero menos lo son las teorías de la conspiración impulsadas por Internet que no tienen que basarse de hecho para tener consecuencias en el mundo real. La gente solo tiene que creer que es verdad.

La creencia colectiva siempre ha sido una fuerza poderosa, pero no puede mover los mercados por sí sola. Lo que es diferente ahora es que las redes sociales pueden traducir la creencia colectiva en acción colectiva a un ritmo y escala sin precedentes. Las celebridades como Musk han podido aprovechar sus enormes bases de fanáticos para impulsar a las personas a realizar movimientos concretos como comprar ejemplo, DOGE y aumentar su precio.

Producto de todo este movimiento digital y comercial, la gente quiere la descentralización, pero sigue estando fuera de su alcance. La idea de la creencia colectiva está en el corazón del dinero y, por lo tanto, de la cripto cultura. Sin una creencia compartida en su valor, la moneda fiduciaria sería poco más que papel y metal.

Pero mientras que los gobiernos centrales pueden imprimir

dinero y tener un impacto en el precio, Dogecoin está destinado a ser libre e independiente de ese sistema monitoreado. El precio de DOGE, en pocas palabras, está determinado por la cantidad que la gente está dispuesta a pagar por él. En los primeros días, eso era solo unos pocos céntimos. Ahora, ya casi se acerca a los 0,50 centavos de dólar, lo cual para Dogecoin, es muy significativo.

Dogecoin representa un ideal de lo que se suponía que era la criptomoneda. Es realmente extraño y vive fuera del sistema financiero. Sus fundadores han abandonado efectivamente la escena, dejándola en manos de la comunidad, dejándola libre. Los grandes bancos no quieren tener nada que ver con eso. Parece seguro decir que pasará un tiempo antes de que veamos un titular importante con Goldman Sachs y Dogecoin, por ejemplo.

Dogecoin claramente ha crecido y se está ganando el respeto entre un número bien ponderado de inversores. Algo muy positivo para la adopción generalizada y quizás para la industria en su conjunto. Pero la maduración del DOGE también ha venido con un grado de centralización: los grandes inversores (conocidos como ballenas) disfrutan de una influencia descomunal, así como ciertos grupos e intercambios de minería.

Musk es un conocido fanático de Bitcoin y ha sugerido que Dogecoin debería convertirse en la "criptografía de la gente", es decir, una forma democrática de dinero. Esto aprovecha el espíritu de la época que vimos en el ímpetu de GameStop, que fue una afirmación de la fuerza de los inversores minoristas sobre los grandes fondos de cobertura. Pero, ¿GameStop, por entretenido que haya sido en realidad, ciertamente va a alterar el equilibrio de poder en el mundo financiero?

La democratización de las finanzas es difícil de lograr. Por lo tanto, no debería sorprendernos que Dogecoin no esté tan descentralizado después de todo. Musk señaló recientemente que la riqueza de Dogecoin está demasiado concentrada. Esta afirmación fue respaldada por Coin Metrics, que señaló que las 100 principales direcciones DOGE contienen el 68% de su suministro total, en comparación con el 13,7% de Bitcoin. Dicho de otra manera, el 1% superior de las direcciones DOGE tiene el 94% del suministro total.

Musk ha tratado de abordar este problema instando a los grandes titulares de DOGE a vender, incluso ofreciéndoles pagar dinero para que anulen sus cuentas. Pero es difícil escapar de la ironía aquí. Un hombre increíblemente rico subió el precio del Dogecoin y luego se quejó de una concentración de poder, que se ofreció a arreglar él mismo.

Dogecoin debe tomarse en serio, si no literalmente. Su aumento está poniendo de relieve las tensiones que no desaparecerán pronto. Deberíamos prestarles atención. De lo contrario, la broma es nuestra. Seríamos nosotros, la comunidad quien le haría el juego a la ironía misma.

Dogecoin ya forma parte importante del ecosistema cripto, y a diario está sometida a evidenciar su relación, valor y capitalización con las monedas digitales más importantes del mundo, formando parte del Top 10 del criptoverso. Dado esto, existen dos curiosas monedas digitales relacionadas en imagen con Dogecoin. Hablamos de Shiba Inu y Akita Inu.

Shiba Inu

Moneda virtual creada en agosto del año 2020 por Ryoshi, es también es una moneda de broma o meme que se lanzó como rival o competencia para Dogecoin.

Shiba Inu ha estado en las noticias y ha sido novedad por dos sencillas razones. Recientemente, el fundador de Tesla, Elon Musk, tuiteó diciendo que le gustaría tener un cachorro de Shiba que entusiasmó al mercado de criptomonedas y los precios aumentaron en un 300%

Los precios de las monedas Shiba Inu cayeron alrededor del 40% después de que el multimillonario ruso-canadiense Vitalik Buterin, de 27 años, creador de Ethereum, donara 50 billones de monedas Shiba Inu al Fondo Covid Cripto Relief Fund de India, administrado por el criptoempresario indio Sandeep Nailwal.

El dueño de Shiba Inu es "alguien" llamado o conocido con el seudónimo de Ryoshi, aunque nadie sabe el nombre real de esta persona. La moneda meme lleva el nombre de la raza de perro japonesa Shiba Inu. Por cierto, Shiba Inu había afirmado que era el "Asesino de Dogecoin" cuando se lanzó en agosto de 2020 y es visto como un rival de Dogecoin. La mascota de Shiba Inu se basa en el cachorro de Shiba y se parece bastante a la de Dogecoin. La plataforma y el modelo también se basan en Dogecoin.

¿Qué tan diferente resulta ser Shiba Inu en este campo de su supuesta rivalidad?

Dogecoin se ha desarrollado utilizando la misma tecnología que Bitcoin. Los tokens de Shiba Inu funcionan con Ethereum. Los tokens fungibles como Shiba Inu son tokens ERC-20 y los tokens no fungibles (NFT) utilizan el estándar de token ERC-721 de la plataforma Ethereum.

El token SHIB es nuestro primer token y permite a los usuarios tener miles de millones o incluso billones de ellos, menciona el sitio web oficial. Se acercan más adiciones según el sitio web de Shiba Inu. Los creadores planean lanzar Bone Dogecoin Killer, la próxima moneda en el futuro.

En India, es posible intercambiar la moneda digital Shiba Inu en WazirX. WazirX lo incluyó erróneamente en Rs 3 y la compañía aclaró que una configuración incorrecta causó que la lista tuviera un valor más alto. Después de que se descubrió, los precios se desplomaron a niveles de $0,0015

Otras plataformas como Uniswap y la versión web de CoinDCX también han incluido tokens Shiba Inu. La Exchange descentralizada (DEX) Uniswap, en la red de Ethereum también permite comprar y vender criptomonedas para ETH y otros tokens basados en Ethereum. Estas monedas no se pueden comprar en rupias indias (INR), solo en USDT / BUSD.

Según Sathvik Vishwanath, CEO y cofundador de Unocoin, Dogecoin comenzó como una moneda meme y se estableció hasta cierto punto como un medio viable para realizar pagos en línea incluso para las transacciones más pequeñas en las que las monedas conocidas como Bitcoin y Ether fallaron. Miserablemente debido a sus altas tarifas de transacción que aumentaron debido a su propia popularidad.

Por otro lado, dijo Vishwanath, el mundo todavía necesita una moneda meme experimental y tenemos a Shiba INU llenando ese vacío.

"Shiba INU parece estar aumentando de precio más debido a los rumores que a la utilidad, mientras que DOGE parece haber encontrado un caso de uso en el terreno", agregó Sathvik Vishwanath, CEO y cofundador de Unocoin.

Existe un factor de riesgo entre Shiba Inu y Dogecoin y es que son monedas de meme, por lo que a veces pueden ser extremadamente volátiles.

Además, el riesgo más importante de invertir en cualquier criptomoneda es que no están reguladas ni tienen un organismo legal para supervisar sus operaciones. En ocasiones, el banco central ha emitido varias advertencias para los comerciantes de criptomonedas sobre posibles pérdidas debido a desarrollos adversos.

Según los expertos, las plataformas de intercambio de criptomonedas como Coinbase, Robinhood y Kraken permiten comprar Dogecoin. Para comprar Dogecoin en estas plataformas, los inversores deben descargar una billetera de criptomonedas.

Además, los usuarios también pueden extraer un Dogecoin. Aquellos que tienen una configuración de computadora poderosa pueden procesar otras transacciones de Dogecoin y obtener estas monedas como pagos.

Reiteramos, y es importante tener presente que los usuarios pueden intercambiar monedas digitales de Shiba Inu en WazirX como también en la plataforma Uniswap y la versión web de CoinDCX. Uniswap es una Exchange descentralizada (DEX) en la red Ethereum que permite comprar y vender criptomonedas para ETH y otros tokens basados en Ethereum. Recuerda, Shiba Inu no se puede intercambiar ni comprar en rupias indias (INR) solo en USDT / BUSD.

Ante estos aspectos, según Ashish Singhal, CEO y cofundador de CoinSwitch Kuber; los inversores deben realizar una investigación exhaustiva sobre los fundamentos de la moneda y profundizar en el caso de uso que se le pueda dar.

"También se deben tener en cuenta factores como la gestión de riesgos. Dicho esto, solo se debe poner la cantidad que está bien perder en estas monedas". Singhal.

Akita Inu

Autodenominado el hermano pequeño de Dogecoin, es un experimento impulsado por una comunidad descentralizada. Sin fundadores, sin fichas de equipo. El propósito de este grupo es asignar habilidades dentro de la comunidad a roles apropiados en el desarrollo de Akita y acordar colectivamente las decisiones para el futuro de Akita.

Al igual que las criptomonedas, los memes nacieron en Internet y han viajado desde los márgenes hasta la corriente principal. Se utilizan para impulsar la adopción de criptomonedas, señalar movimientos Alcistas o bajistas en ciertos activos o monedas por parte de los comerciantes e incluso aumentar el valor de los tokens.

Akita Bloqueó el 50% del suministro total a Uniswap y tiró las llaves. El 50% restante se quemó a Vitalik Buterin. No hay grandeza sin un punto vulnerable y mientras Buterin no representa molestia alguna, AKITA crecerá, sobrevivirá y se desarrollará. Los suyos creen y están seguros de que todos deberían tener las mismas oportunidades de poseer Akita, no hay token de equipo. Todo el mundo tiene que comprar en el mercado abierto, esto significa que los desarrolladores no tienen más derechos de propiedad que cualquier otra persona en el mundo.

Akita Inu es un token, un experimento comunitario 100% descentralizado y afirma que la mitad de los tokens se enviaron a Vitalik Buterin y la otra mitad se bloqueó en un grupo de Uniswap y las claves se quemaron. Es igual que Shiba Inu, pero con diferentes tokenmetrics e inspirado por Elon Musk y Dogecoin.

El token Akita ahora está disponible en la red principal de Ethereum. La dirección del token para AKITA es 0x3301ee63fb29f863-f2333bd4466acb46cd8323e6. Si vas a comprar Akita, ten cuidado de no comprar ningún otro token con un contrato inteligente diferente a este, ya que se puede falsificar muy fácilmente. Recomendamos encarecidamente estar atentos y seguros durante todo el lanzamiento. No dejes que la emoción se apodere de ti. Solo asegúrese de tener suficiente ETH en su billetera para cubrir las tarifas de transacción.

Primero tendrás que comprar una de las principales criptomonedas, generalmente Bitcoin (BTC), Ethereum (ETH), Tether (USDT), Binance (BNB) para adquirir Akita.

Lanzado hace solo 5 meses, Akita Inu es un humilde token ERC 20 con resultados audaces hasta ahora. Originalmente encontrado en Uniswap, a mediados de abril del año 2021 ha sido agregada a múltiples intercambios, incluidos MXC, HotBit, Poloniex y más para un total de 7 plataformas y una nueva con BKEX.

Esta rápida adopción fue posible con varios días de volumen de operaciones de más de $200.000.000,00 y resultó en un estado de tendencia en CoinMarketCap y CEX.

Akita Inu se está construyendo exclusivamente con la ayuda de la opinión de la comunidad. Un proyecto verdaderamente democratizado.

Recientemente, más de 15,000 nuevos inversores ahora tienen este token y otros 22.000 se han unido a su proyecto en Telegram, donde los seguidores comenzarán a darle forma especial a este plan.

Las nuevas ideas de la comunidad que están siendo adoptadas por el proyecto incluyen una quema de tokens, apuestas para permitir ingresos pasivos en la moneda inactiva del titular y, finalmente, el desarrollo de su propia red social descentralizada comparable a Twitter, donde los usuarios podrán interactuar entre sí. Se habilita la función de dar propina a Akita para mostrar su apoyo. Todo esto será posible con una asociación con Polarfox.

El equipo también está a unos días de un nuevo lanzamiento del sitio web de Akita que ilustra maravillosamente la hoja de ruta por venir.

En los primeros días de un nuevo proyecto, siempre es fácil afirmar que algo novedoso será comparable a otra cosa, que está más probada. No pretendemos hacer en este artículo semejante tipo de comparación. Más bien, la creencia central del token es una comparación mucho más intrigante que debería hacerse sobre por qué Akita Inu podría ser el próximo Dogecoin: El poder de la comunidad.

En primer lugar, veamos por qué Dogecoin se convirtió en la moneda número 6 en CoinMarketCap. Fue creado en 2013 como una moneda digital de igual a igual P2P (Peer-To-Peer) e incluso en los primeros días, se consideró una moneda cómica. Después de todo, su logo es una caricatura de un perro. Pero fue este humor el que pudo penetrar profundamente en Internet e inmediatamente se convirtió en una fuerza y un verdadero competidor, incluso en comparación con Bitcoin. La comunidad creció en torno a la idea de que, a pesar de su naturaleza cómica, ¿qué pasaría si nuestro pequeño amigo peludo pudiera ser la criptomoneda de referencia en el mercado, persiguiendo a las instituciones financieras tradicionales?

Con el tiempo, el poder de la capacidad de Dogecoin para competir se volvió más difícil bajo el escrutinio de las criptomonedas que necesitaban un propósito. El miedo a las monedas fraudulentas y, obviamente, a un mercado muy desregulado mantuvo a Dogecoin a un precio muy bajo. Es decir, hasta el boom del invierno de 2017 y 2018. El precio de DOGE se rompió un centavo. Aunque posteriormente, en 2018, el mercado volvió a colapsar en lo que parecía un mercado bajista para toda la industria, incluido Bitcoin.

Pero el poder de la comunidad DOGE se quedó con Dogecoin. Lo interesante de los foros de Reddits en ese momento es que el sentimiento no era de apoyo a DOGE. No porque la gente pensara que generaría ganancias, sino más bien por el deseo de poner el dedo medio en el mundo financiero. Fue esta creencia común la que mantuvo a la gente interesada y dispuesta a continuar apoyando algo que no tenía ningún propósito práctico. Fue el poder de la comunidad lo que creó orgánicamente su propio propósito.

¿Por qué crear una comunidad de Akita?

Avance rápido hasta 2020 y 2021. En este punto, las instituciones financieras han ingresado al espacio de las criptomonedas y Bitcoin está en máximos históricos. La participación de las instituciones financieras y más personas que nunca buscan invertir en criptomonedas, ya que proyectos como Akita Inu están listos para ser elegidos. Tanto los antiguos como los nuevos inversores en criptomonedas ven lo lejos que ha llegado Dogecoin y muchos de los mismos sentimientos de los juguetones inversores anti-establecimiento estarán buscando el próximo Dogecoin.

A finales del año 2020 e inicios del 2021, vimos cómo la gente en Reddit casi lleva a la bancarrota a uno de los fondos de cobertura más grandes del mundo por vender acciones de Gamestop en corto. Un grupo colectivo de individuos promedio logró uno de los movimientos financieros más importantes del siglo pasado.

Se dieron cuenta de una cosa: del poder de la comunidad.

Akita Inu es un proyecto interesante que se da cuenta del poder de la comunidad también, y debe mencionarse que su logo también es un perro. Un Akita Inu para ser específico, que es un perro de caza de osos japonés. Un nombre apropiado para una criptomoneda que intenta luchar contra los futuros mercados bajistas con el poder de la comunidad.

Actualmente existen más de 20.000 miembros en la red Akita en la plataforma de redes sociales Telegram @akitatoken, y de 2.000 a 5.000 miembros activos en línea en cualquier momento a partir del 18 de abril de 2021.

En Etherscan, ya hay 11.000 poseedores de la moneda y el número parece estar subiendo a un ritmo rápido a medida que más personas se enteran del precio asequible de Akita Inu. Lo que debería entusiasmar a los inversores con esto es que todavía es muy nuevo y las bases de una comunidad sólida y sólida ya están tomando forma.

Entonces, al comparar Akita Inu y Dogecoin, hay un factor que es muy similar, un factor que es realmente el elemento de hacer o deshacer aquí, en una palabra: Comunidad.

Al observar los cimientos básicos sobre los cuales se ha creado Akita Inu y la cantidad de compromisos dentro de la propia comunidad, no hay ninguna razón por la que el impulso no pueda continuar e incluso ser un toro fuerte durante un mercado bajista debido a la asequibilidad a largo plazo.

Sin embargo, la mentalidad de la comunidad también es importante y será algo a tener en cuenta. ¿La comunidad solo espera obtener ganancias rápidas? ¿O la comunidad entiende el juego a largo plazo, que tienen una oportunidad en años, no meses o semanas?

¿Atraerán a los partidarios de Dogecoin con una actitud de rebelión hacia las instituciones financieras mientras también equilibran y promueven un ambiente divertido y lúdico?

Solo el tiempo dirá cómo evolucionará este proyecto, pero a partir de su creación, Akita Inu parece estar preparado para hacerse un nombre en el mercado en los próximos años. Para quienes estén interesados en conocer un poco más, les invitamos a consultar los mensajes anclados en su activo grupo de Telegram. Allí, encontrarán la hoja de ruta y obtendrán información actualizada sobre dónde crecerá esta comunidad.

Dogecoin: La broma criptográfica más valiosa del mundo

La criptomoneda ha superado a todas las demás durante el año pasado y ahora está valorada en $70 mil millones. Basado en un meme, irónicamente ha demostrado ser bastante sensible a las bromas, como se reveló en un reciente chiste de Elon Musk.

Solo hizo falta una broma para enviar el valor de Dogecoin, una de las criptomonedas más populares del mundo, cayendo un 30%.

La criptomoneda, que comenzó como una broma en las redes sociales hace ocho años, perdió más de un tercio de su precio después de que Elon Musk, uno de los hombres más ricos del mundo y el partidario más prominente de Dogecoin, calificara a la moneda digital como un "ajetreo" durante su aparición en el programa de televisión de sketches de comedia Saturday Night Live el pasado 8 de mayo de 2021.

La fuerte caída fue un anticlímax para una acumulación de una semana por parte de los entusiastas de Dogecoin en el período previo a la aparición de Musk como anfitrión invitado en el popular programa. El precio de Dogecoin había subido a un récord antes de que se emitiera el programa, ya que los fanáticos organizaron fiestas de observación en anticipación de un gran impulso para la criptomoneda después de la aparición de Musk.

"Musk probablemente esté feliz de saltar sobre la broma de lo que es una moneda meme, pero los inversores probablemente estén sintiendo un dolor real ahora", dijo Justin d'Anethan, jefe de ventas de intercambio con sede en Hong Kong en Diginex, un intercambio de activos digitales.

El suministro es esencialmente ilimitado para Dogecoin y, por lo tanto, insostenible a largo plazo. Es una cuestión de quién venderá primero y quién se quedará con las bolsas.

El interés en las criptomonedas ha aumentado durante el año pasado, empujando el valor de todas las monedas digitales a más de $2,3 billones, respaldado por billones de dólares en estímulos por parte de gobiernos y bancos centrales y el respaldo de algunos inversores institucionales.

Si bien Bitcoin, la criptomoneda más valorada por cierta distancia, ha acaparado gran parte del protagonismo y ha registrado rally récord, son las denominadas altcoins como Ethereum y Dogecoin las que se han hecho cargo en los últimos días.

La creciente popularidad de Dogecoin

No hay una explicación fácil detrás del aumento de los precios de Dogecoin, que se creó como una broma sobre el frenesí de las criptomonedas de 2013 con la raza de perro Shiba Inu como logotipo. Un diluvio de efectivo gracias a los planes de estímulo del gobierno, la especulación junto con el miedo a perderse, un respaldo obstinado de Musk y algo de pura diversión en línea gracias a la afición de las redes sociales por el meme Doge son algunas de las razones detrás de la carrera de ensueño de Dogecoin que ha visto en la moneda un aumento de más del 20.000% en el último año.

"La manía de Dogecoin comenzó principalmente con comerciantes minoristas que provenían de plataformas de redes sociales. La comunidad comercial minorista parecía convencida de que Dogecoin iba a pagar 1 dólar y para muchos, los fundamentos no importaban", dijo a DW Edward Moya, analista senior de mercado de Oanda. El respaldo de celebridades de Elon Musk y Mark Cuban, además de Gene Simmons proporcionó una justificación para muchos de los primeros inversionistas e impulsó el último fervor.

En un gran impulso al estrellato de Dogecoin, la empresa de cohetes comerciales de Musk, SpaceX, aceptó el pago de una misión satelital lunar en la criptomoneda. La misión financiada por Dogecoin programada para 2022 se llama "Misión DOGE-1 a la Luna".

Muchas personas se preguntan si Dogecoin será el próximo Bitcoin

Esta ha sido una de las preguntas más buscadas relacionadas con las criptomonedas en Google durante los últimos meses. Dogecoin y Bitcoin son dos gigantes muy diferentes, incluso si la primera se basa en el mismo código de software que sustenta Bitcoin.

Dogecoin puede tener potencialmente un suministro infinito, lo que significa que aquellos que buscan permanecer invertidos en la moneda durante más tiempo pueden ver cómo el valor de su inversión disminuye con el tiempo. Bitcoin, por otro lado, tiene un suministro fijo de 21 millones de unidades, lo que lo hace escaso y, a cambio, más valioso, al igual que el oro y los diamantes, que también tienen un suministro limitado.

Si bien Dogecoin fue concebido para ser una criptomoneda para "bromistas", Bitcoin siempre fue diseñado para ser una moneda digital descentralizada, una alternativa al dinero fiduciario controlado por el banco central. Muchos fanáticos acérrimos de las monedas digitales ven a Dogecoin y el fervor especulativo que lo rodea como algo que socava su objetivo más amplio de llevar las criptomonedas como Bitcoin y Ethereum a la corriente principal. Dicen que la memecoin es solo un activo especulativo, con pocos inversores institucionales que la respalden.

A pesar de que Dogecoin ha recorrido un largo camino desde sus orígenes satíricos hasta ser una criptomoneda popular entre pares, no está ni cerca de amenazar el dominio de Bitcoin. Su valoración de $70 mil millones es solo una fracción del $1 billón de Bitcoin.

"Dogecoin es criptokindergarten. Fue creado para divertirse y también ilustrar cómo funcionan las criptomonedas", dijo a DW Jeff Gallas, fundador de la Fundación Bitcoin alemana. "Por lo tanto, es bueno comenzar, tal vez, para informarse sobre cómo funcionan las criptomonedas y no tomarlo demasiado en serio".

Dogecoin, una buena inversión

Los fanáticos de Dogecoin lo juran, promocionándolo como una criptomoneda del futuro con Musk ungiéndolo como la "cripto del pueblo". Sus bajas tarifas de transacción y su gran oferta hacen que sea conveniente para los internautas usar la moneda para dar propina a contenido en línea como blogueros y creadores en Reddit y YouTube. También es más fácil de minar, el proceso de creación de nuevos Bitcoins a través de complejos problemas matemáticos, lo que significa que las transacciones con Dogecoin se pueden procesar más rápido que con Bitcoin.

Otros ven Dogecoin como una inversión altamente especulativa y arriesgada, mucho más que Bitcoin o Ethereum. A pesar del apoyo de Musk a la moneda, ninguna de sus empresas ha invertido públicamente en Dogecoin hasta el momento, a diferencia de Bitcoin.

Incluso Musk ha instado a la gente a "invertir con precaución" y dijo que no era prudente invertir los ahorros de una vida en criptomonedas, que por ahora deberían considerarse especulativas.

"Es poco probable que Dogecoin se convierta en la moneda preferida utilizada por las empresas estadounidenses, pero por ahora el interés minorista podría hacer que Dogecoin sufra un destino similar al de GameStop", dijo Moya. La valoración de Dogecoin no es justificable, pero el apoyo minorista parece implacable y podría mantener sus precios elevados muy por encima de una valoración justificable.

Cerramos con tres palabras de Elon Musk, publicadas en su red social Twitter el pasado 20 de diciembre del año 2020, y que disparó el valor de Dogecoin en un 25%:

@elonmusk

"One world: Doge"

5:30 am – 20 dic. 2020

SIETE

GENERANDO GANANCIAS PASIVAS CON DOGECOIN UTILIZANDO OTRAS CRIPTOMONEDAS

Como te habrás dado cuenta a lo largo del desarrollo del libro, actualmente hay varias maneras de generar dinero con las criptomonedas, hay muchas oportunidades. Mientras que hay algunas que son mas riesgosas (y dependen de tu habilidad) como el trading, las plataformas DeFi, etc, hay otras que son mas recomendadas y menos riesgosas, como por ejemplo realizar Hodl (mantener) de una criptomoneda y esperar que su precio suba, si bien este modelo de ganancia es absolutamente pasivo y especulativo, ya que es una estrategia a largo plazo, tenemos otras estrategias que también podrán ayudarte a generar ingresos pasivos, como lo es la estrategia que te voy a presentar a continuación.

Esta estrategia existe hace muchos años, es muy utilizada por los bancos actualmente, aunque en un mayor porcentaje de ganancia, **esta es generar interés con tus activos.**

En el mundo de las criptomonedas ya existe esta modalidad y esta liderada por una de las empresas mas confiables del ambiente: **BlockFi**, la cual esta amparada por el exchange Gemini y personas tan reconocidas en el ambiente como Anthony Pompliano.

BlockFi nos permite transferir nuestros fondos a la plataforma y generar un interés anual que va del 6% (para criptomonedas como Bitcoin) o de casi el 10% con stablecoins (que son criptomonedas que están 1 a 1 con el dólar, como lo son el USDT y USDC por nombrar alfgunas)

Si te interesa esta modalidad, puedes abrir una cuenta de **BlockFi** en el siguiente enlace y **ganar $250 de Bitcoin gratis:**

Ingresa a BlockFi aquí y gana hasta $250 en Bitcoin

En caso de que estes leyendo este libro en la version impresa puedes escanear el siguiente código QR con tu móvil:

OCHO

LO MAS IMPORTANTE A TENER EN CUENTA CON DOGECOIN

Para concluir con este libro, quisiera agradecerte por tomarte el tiempo de leerlo, quería aclarar algunas cosas antes de culminar.

Muchas personas han probado incursionar en las Criptomonedas, algunos con éxito otros con resultados moderados, pero todos con resultados en fin, lo importante es que tengas en mente que el mercado de las Criptomonedas es un mercado muy manipulado, es por esto que te recomiendo que siempre prestes atención a los indicadores que puedas ver en TradingView, ve las señales que te envía, continua aprendiendo sobre el trading, si es que te interesa puedes dedicarte a ellos, pero si no puedes dedicarte a hacer HODL (el significado de esto dentro de las Criptomonedas está relacionado con comprar monedas cuando hay una baja importante (por ejemplo si Bitcoin está a $58000 y baja a $36500 ahí es donde compras y vas comprando a medida que baja, nunca cuando sube, a esto se le conoce como Dollar Cost Averaging es una estrategia muy usada en el ambiente del trading) y mantener esas criptomonedas por años hasta que estas dupliquen, tripliquen o cuadrupliquen su valor, no es algo poco común en el ambiente, como bien lo han hecho aquellos *early adopters* que compraron Bitcoin cuando valía $0,006 centavos de dólar, hicieron HODL por 14 años y cuando Bitcoin alcanzó su máximo histórico de $20,000 dólares en 2017 y $60,000 en 2021, vendieron todo y se hicieron millonarios. Pero como siempre, escoge el método que más te guste y síguelo bajo tu propio riesgo.

Por ultimo me gustaría saber tus comentarios para seguir nutriendo este libro y poder ayudar a muchas mas personas, para ellos nos ayudarías dejando una review de este libro, con el objetivo de continuar brindando grandes libros a ustedes, mis lectores, a los cuales aprecio mucho.

ENLACES DE INTERES

Pagina para ver los precios de todas las Criptomonedas: https://coinmarketcap.com/

Obtener Bitcoin:

Obtén Bitcoin Gratis Aquí

Generar intereses de mas del 10% en BLOCKFI con tus criptomonedas aqui:

TRADING EN EXCHANGES:

Abre una cuenta de Binance Aquí

Abre una cuenta de BitMex Aquí

Donde comprar Bitcoin de manera segura:

Compra Bitcoins en Coinbase Aquí

Compra Bitcoin de manera segura en CEX.IO aquí

Compra Bitcoin de manera segura en Changelly aquí

Compra Bitcoin de manera segura en Localbitcoins

Donde guardar tus criptomonedas:

Compra la Trezor Model T Aquí

Compra la Trezor Model ONE Aquí

Compra una Ledger Nano S aquí

Graficas de trading en:
www.TradingView.com

Sin más, me despido
Sebastian Andres

¿QUIERES SEGUIR PROFUNDIZANDO EN TU CONOCIMIENTO?

Si este libro te resulto muy útil, déjame contarte que este libro forma parte de la colección *"Criptomonedas en Español"* en donde queremos trasmitirte toda la educación e información actual en base a las criptomonedas mas cotizadas y conocidas (los libros se irán actualizando cada año a medida de los avances).

- Volumen 1: Bitcoin en Español
- Volumen 2: Ethereum en Español
- Volumen 3: Dogecoin en Español
- Volumen 4: Cardano ADA en Español